DESCRIPTIONS

DES ARTS

ET MÉTIERS.

DESCRIPTIONS
DES ARTS
ET MÉTIERS,
FAITES OU APPROUVÉES

PAR MESSIEURS

DE L'ACADÉMIE ROYALE
DES SCIENCES.

Avec Figures en Taille-douce.

A PARIS,

Chez { SAILLANT & NYON, rue S. Jean de Beauvais;
{ DESAINT, rue du Foin Saint Jacques.

M. DCC. LXI.

Avec Approbation & Privilége du Roi.

ART

DU

CIRIER.

Par M. DUHAMEL DU MONCEAU.

M. DCC. LXII.

Jacques-François Prudhon, dit de la Chaussée, échevin de Paris

ART DU CIRIER.

Par M. Duhamel du Monceau.

Augmenté de plusieurs Réflexions qui lui ont été fournies par M. Trudon, Propriétaire de la Manufacture Royale des Cires, établie à Antony près Paris. *

Il n'est pas question présentement de parler de la façon d'élever les abeilles, ni de détailler les précautions qu'on doit prendre pour augmenter leur population, pour ramasser les essaims ; comment on rogne les gâteaux, pour s'approprier une partie du travail des abeilles sans leur faire un tort considérable ; comme on les transporte d'une ruche dans une autre pour enlever leur cire & leur miel sans les faire périr, comme il arrive quand on les étouffe avec la vapeur du soufre ; enfin quels sont les moyens de les exciter au travail. Je renvoie pour ces détails infiniment curieux, à ce qu'en ont dit M. Maraldi dans les Mémoires de l'Académie, M. de Réaumur dans son Histoire des Insectes, M. Bazin dans son Histoire Naturelle des Abeilles ; au même Recueil des Mémoires où j'ai donné quelques observations sur cette matiere ; enfin, aux Ouvrages de Swammerdam & de plusieurs Auteurs qui ont traité expressément de l'éducation de ces Mouches, & de leur produit. La maniere de travailler la cire est le seul objet qui doive nous occuper. Je suppose donc qu'on a une bonne provision de ruches (*Pl. I. Fig. 3.*), remplies de gâteaux bien fournis de miel ; il

---

* Je n'ai trouvé dans le dépôt de l'Académie que quelques Desseins, avec une Description fort abrégée des pratiques de Caen & d'Angers, où il ne s'agissoit que des principales opérations ; il n'y avoit aucune Planche gravée, & point de Mémoires de M. de Réaumur. Comme j'avois étudié le blanchissage & le travail de la cire, dans la Manufacture de feu M. Prouteau, qui étoit dans le voisinage de nos Terres, je m'étois chargé de cet Art ; mais j'avois besoin de me rappeller des idées sur un Art dont j'avois interrompu l'examen depuis vingt ou vingt-cinq ans. J'ai trouvé ce que je desirois dans plusieurs petites Fabriques des environs de Paris, d'Angoulême, &c, ce qui m'a mis en état de faire la Description de cet Art. Mais depuis la lecture que j'en ai faite dans une assemblée de l'Académie, M. Trudon, qui tient à Antony une des plus belles Fabriques du Royaume, & qui s'est beaucoup occupé de la perfection de son Art, m'a communiqué avec franchise des Mémoires qu'il avoit faits sur le travail de la cire, & il m'a donné tous les éclaircissements que je pouvois puiser dans sa Manufacture. Je me fais un plaisir de déclarer que j'ai profité de tous ces avantages pour rendre mon Ouvrage plus parfait.

faut commencer, 1°, par retirer les différentes especes de miel qu'ils contiennent ; 2°, purifier la cire & la fondre pour en faire des pains. Ce travail qui regarde ordinairement ceux qui élevent les abeilles , formera le premier Chapitre, dans lequel nous laifferons la cire jaune en l'état de gros pains , & telle qu'on la trouve chez les Epiciers.

Dans le fecond Chapitre, il fera queftion de blanchir cette cire : en conféquence nous aurons à détailler le travail des Blanchifferies ; 1°, tout ce qui regarde l'établiffement d'une Blanchifferie ; 2°, comme on purifie la cire ; 3°, comment on la grefle ; 4°, comment on l'étend fur les toiles ; 5°, enfin , comment on la moule en petits pains pour la vendre aux Ciriers, qui la travaillent alors de différentes façons pour leur commerce.

Le troifieme Chapitre traitera de l'emploi de la cire , pour en faire , 1°, des Bougies filées & roulées ; 2°, des Cierges ; 3°, des Flambeaux de poing, des Torches, &c , & d'autres ouvrages où la cire entre comme acceffoire , ou comme matiere principale.

CHAPITRE PREMIER.

Maniere de retirer le Miel des rayons , & de donner à la Cire la premiere préparation.

Nous avons averti que ce qui doit faire l'objet de ce premier Chapitre , n'appartient pas tant au travail du Cirier , qu'à celui des Propriétaires de mouches à miel. Ce font eux qui fondent la cire pour la réduire en gros pains jaunes ; & c'eft en cet état, que les Blanchiffeurs l'achetent pour l'étendre & la blanchir fur leurs toiles , en un mot , pour la mettre en état d'être façonnée par les Ciriers.

ARTICLE I.

Maniere de retirer le Miel des rayons ou gâteaux vuides des Mouches.

La plupart de ceux qui élevent des abeilles , dans la crainte de leurs aiguillons , étouffent , avec la vapeur du foufre, ces précieufes ouvrieres, pour s'approprier leur travail ; d'autres, pour conferver leurs abeilles , les font paffer dans une ruche vuide ; & ceux-là regardent comme très-important qu'il ne refte point de mouches dans les ruches dont ils veulent retirer les gâteaux , ils ont foin, quand ils ont fait paffer les mouches de cette premiere ruche dans une vuide, de brûler du foufre fous la ruche qu'on vient de vuider , afin d'en tirer toutes celles qui pourroient y être reftées malgré les précautions qu'ils auroient prifes pour leur faire abandonner leur ouvrage. Ainfi, auffi-tôt que les mouches font forties d'un panier, on le tranfporte promptement dans un lieu éloigné pour le foufrer ; & pour cet effet, on met la ruche fur un trou fait en terre, & dans lequel on brûle du foufre (*C*, *fig.* 2.) Enfuite on porte les ruches dans une falle fraîche, dont les croifées foient exactement fermées avec des chaffis garnis d'une toile de canevas, qui puiffe, en donnant paffage à la lumiere du jour, interdire l'entrée aux mouches qui font dans le voifinage ; car lorfque quelques-unes du dehors trouvent moyen d'y pénétrer, elles font fi friandes de miel, que bientôt tout le lieu s'en trouve rempli, & il n'eft pas aifé d'y pouvoir travailler en liberté ; on fera même bien, s'il s'y en étoit introduit quelques-unes, d'enfumer ce lieu avec du chiffon ou du foin mouillé, pour en éloigner celles qui voudroient y pénétrer, ou étourdir celles qui y feroient déjà, afin qu'elles ne puiffent piquer les Ouvriers.

Dans le Gatinois, nous fommes encore plus attentifs à conferver les abeilles. Si-tôt qu'une ruche eft à peu près vuide d'abeilles, on la tranfporte dans une falle baffe, ou dans une cave : les mouches qui reftent dans la ruche, n'ayant plus leur reine, fe retirent vers le haut de la ruche, où on les trouve raffemblées en un peloton, comme un petit effaim. On porte la ruche vuide de gâteaux auprès d'une fenêtre vitrée ; là avec un plumeau, on détermine les mouches à fortir de cette ruche : elles en fortent en effet affez volontiers ; car étant privées de leur couvain, de leurs provifions, & n'ayant plus de reine, il femble que le courage leur manque ; elles montent le long des vitres, & elles fe raffemblent au haut des croifées en forme d'effaim. Ce qu'il y a de fort fingulier, c'eft qu'aucune de ces mouches ne s'avife de s'attacher au miel qui eft à leur portée ; au lieu que celles du dehors s'y jettent avec avidité, & en ramaffent le plus qu'elles peuvent, non pas tant pour s'en nourrir, que pour le porter à leur ruche. Quand le Propriétaire des mouches voit les pelotons attachés aux croifées fuffifamment groffis, après les avoir un peu enfumés, il les fait tomber dans un pot qu'il a foin de recouvrir ; & il le porte, fans perdre de temps, auprès de fes ruches, où retrouvant leurs camarades, elles fe mettent auffi-tôt à travailler avec ardeur. Si en mettant les mouches dans le pot, on apperçoit une mere, on la met à part, & on l'enferme dans un cornet de papier. Celle-ci fert à ranimer l'activité du travail dans les ruches qui manquent de reine. S'il arrivoit que le paquet de mouches fût trop gros, on le mettroit feul dans une ruche avec une mere, & par ce moyen on fe procureroit un bon effaim.

Sans m'arrêter plus long-temps fur ces détails, je vais parler de la façon de retirer le miel. A mefure que l'on ôte les rayons des ruches, on met à part les gâteaux qui ne font point noirs, ainfi que ceux qui ne contiennent point de cire brute, ni de couvain. C'eft ordinairement fur les côtés des ruches que fe trouvent le plus beau miel ; celui des rayons du centre de la ruche eſt moins parfait. On paſſe légérement un couteau ſur les gâteaux pleins de beau miel, pour rompre les couvertures des alvéoles, & emporter le miel épais, qui ſe trouvant immédiatement ſous ces couvertures de cire, empêcheroit le miel liquide de s'écouler : on rompt enſuite les gâteaux en pluſieurs morceaux; on les arrange dans des vaſes de terre percés par en bas, (*f, fig.* 4.) ou dans des corbeilles, ou bien ſur des claies d'oſier, ou ſur une toile de canevas tendue ſur un chaſſis; le plus beau miel, celui qu'on nomme *Miel vierge*, celui qui eſt le plus blanc, qui ſort des gâteaux les plus parfaits, coule peu-à-peu de lui-même, comme de l'huile, dans les vaſes de terre verniſſés qu'on a ſoin de poſer pour le recevoir. Comme lorſqu'il fait froid, le miel eſt ſigé, & qu'il faut un certain degré de chaleur, pour qu'il ſoit plus coulant, il ſeroit à propos, lorſqu'il fait froid, de tenir les corbeilles dans un air tempéré; mais ordinairement ces opérations ſe font dans l'été, & alors l'air eſt ſuffiſamment chaud : s'il arrivoit qu'il le fût trop, le miel deviendroit trop liquide, & l'on en perdroit une partie. Il eſt bon de remarquer que dans le mois de Juillet, lorſque les mouches travaillent à force à ramaſſer du miel, auſſi-tôt qu'elles arrivent des champs, elles dépoſent dans les rayons qui ſont au bas de la ruche, celui qui eſt le plus coulant; & qu'elles le tranſportent vers le ſoir dans les rayons du haut de la ruche, où il acquiert plus de ſolidité. Si dès la pointe du jour on change les paniers, on trouve les rayons d'en-bas vuides; ſi on les change vers les onze heures, ils ſe trouvent remplis d'un miel très-coulant, & qui s'échappe par gouttes, avant qu'on ait eu le temps de les mettre ſur le canevas; ce qui cauſe une perte, parce que ce miel qui eſt très-coulant, eſt fort bon, & qu'il ſe cryſtalliſe dans les pots.

Quand on a retiré le premier miel, on briſe les gâteaux avec les mains, ſans les pêtrir; on y joint ceux qui ſont moins parfaits; tout cela produit du miel d'une moindre qualité, dont la couleur jaune eſt cauſée par une petite partie de cire brute, produite par la pouſſiere des étamines des fleurs, mêlée d'un peu de miel, & dont pluſieurs alvéoles ſe trouvent remplies.

Quelques-uns, pour retirer ce ſecond miel, paſſent légérement les gâteaux à la preſſe; mais ce miel eſt moins pur, & il contraĉte un goût de cire que n'a pas le miel blanc, qui a été retiré par inſtillation. On met ces différents miels dans des pots, que l'on tient dans un lieu frais; ils y fermentent & jettent une écume, mêlée de la pouſſiere des étamines, qui par ſa légéreté, ſe porte à la ſurface; on a ſoin d'enlever ces ſubſtances étrangeres avec une cuiller : lorſque l'on a l'attention de bien trier les gâteaux, ce ſecond miel eſt encore aſſez bon.

Enfin, on pêtrit entre les mains les gâteaux vieux & nouveaux; même ceux qui contiennent de la cire brute, ayant ſeulement grande attention de n'y point mettre les rayons qui contiennent du couvain. Si par négligence il s'en trouvoit dans le miel, il le feroit fermenter, il s'aigriroit, & perdroit toute fa valeur : on forme avec les rayons une efpece de pâte qu'on met fous la preffe, pour en retirer le miel le plus groffier, & qui eft allié avec beaucoup de cire brute qui fe trouve dans plufieurs alvéoles ; c'eft ce qu'on appelle *Miel commun*, ou *Miel à lavement.* Pour déterminer ce miel à couler, il y en a qui humeétent cette pâte avec une petite quantité d'eau chaude, car il faut prendre garde de noyer le miel ; fi cette eau étoit bouillante, elle pourroit tellement attendrir la cire, qu'une partie fe mêleroit avec le miel commun, & cauferoit une perte confidérable, parce que ce miel ne vaut que trois ou quatre fols la livre, au lieu que la cire la plus commune, & qui n'eft pas propre à être mife au blanc, fe vend depuis 30 jufqu'à 35 fols.

Il y a une grande différence entre la qualité de ces miels : fi le miel blanc vaut 12 fols, le miel de la feconde qualité ne fe vend que 8, & le miel le plus commun ne vaut, comme nous l'avons dit, que 3 ou 4 fols.

On dépofe ces différentes efpeces de miel dans de petits barils, ou dans des pots de grès, pour les vendre aux Epiciers. On préfere le miel nouveau au vieux, parce que celui-ci tombe en firop, & que fouvent il devient âcre. On veut de plus, qu'il foit blanc, grené, & qu'il ait une odeur aromatique. Le plus beau miel peut fervir à faire des confitures plus communes que celles que l'on fait avec le fucre. On en fait auffi quantité de firop, des liqueurs, & du pain-d'épice.

Le miel de la feconde qualité s'employe aux mêmes ufages, & auffi à faire du *Nougat*, du miel rofat, de l'hydromel, & plufieurs autres préparations à peu-près femblables.

Enfin, le miel commun eft deftiné à des ufages beaucoup plus groffiers, & principalement à mettre dans les lavements anodins, & dans les médicaments qu'on applique extérieurement. Le miel pris intérieurement, eft peétoral & laxatif ; appliqué à l'extérieur, il eft réfolutif.

On fait la récolte du miel en différentes faifons : dans plufieurs Provinces du Royaume, cette récolte s'exécute depuis la fin de Juin jufqu'au commencement de Septembre : ce qui fert de regle pour le temps, c'eft d'attendre à vuider les paniers, que les effaims foient fortis, & de ne les pas vuider non plus affez tard, pour que les mouches ne puiffent pas faire, avant les fraîcheurs de l'automne, des récoltes de miel fuffifantes pour les faire fubfifter pendant l'hiver ; c'eft pour cela que nous vuidons nos ruches après la récolte des fainfoins, afin que les mouches puiffent réparer dans le temps de la fleur des bruyeres, des chencvieres bâtardes *, du mélilot, des farrafins, &c, le tort qu'on leur a fait. On court plus de

_____
* *Virga aurea Virginiana*, ZANONI.

CIRIER.   B

rifque d'affamer les abeilles , quand on les fait changer de panier, que quand on fe contente de les rogner. C'eft pourquoi on peut rogner les forts paniers, lorfque la faifon eft plus avancée ; & au printemps l'on ôte une partie des gâteaux que les abeilles ont vuidées pendant l'hiver.

On apperçoit déjà que le miel eft tout fait par les abeilles ; que nous n'avons aucune préparation à lui donner ; qu'il nous fuffit de favoir le retirer des alvéoles ; & l'on voit en gros ce qui conftitue les différentes efpeces de miel : mais nous omettrions bien des chofes intéreffantes , fi nous nous bornions à ces généralités ; il convient donc d'entrer dans quelques détails fur la nature du miel.

On a cru long-temps que le miel, en latin *Mel*, étoit une rofée qui tomboit du ciel ; on fait maintenant que la matiere qui forme le miel, eft une fécrétion de la feve qui doit s'opérer principalement dans les fleurs : c'eft ce que les Botaniftes appellent le *Nectar*. On croit qu'il en fuinte auffi des feuilles de quelques arbres , principalement dans le mois de Juillet ; car on voit dans ce temps-là , les mouches attachées à recueillir une fubftance fucrée qui recouvre quelquefois les feuilles des tilleuls , des frênes , des érables, des aulnes, des chênes, &c. Dans les fleurs , cette humeur eft féparée du refte de la feve, par des efpeces de glandes qui fe trouvent dans les fleurs mêmes : ce nectar déja préparé par les organes des végétaux , fe ramaffe au fond des fleurs. On convient affez généralement, que le nectar que les abeilles tirent des fleurs, a befoin d'éprouver quelques préparations dans leur eftomac ; cette queftion au refte n'eft pas totalement éclaircie : on fait que le miel très-liquide que les mouches dépofent dans les rayons du bas de la ruche, eft plus épais, lorfqu'il a été tranfporté dans ceux du haut ; mais on ignore ce qui s'eft pû paffer dans l'intervalle de ce tranfport.

Quoi qu'il en foit, la rofée où l'humidité, loin d'être favorable à la formation de ce nectar fi recherché par les abeilles, le diffout & l'altere au point de rendre cette même liqueur pernicieufe aux abeilles qui s'en nourriffent. Les perfonnes qui s'occupent à élever des abeilles, favent que les récoltes de miel font mauvaifes dans le temps des pluies , & que ces laborieux infectes font alors attaqués d'un dévoiement qui en fait périr un grand nombre , principalement quand l'air eft froid. Dans la fuppofition que la faifon ne foit ni trop pluvieufe, ni trop froide, le nectar ou le fuc mielleux qui eft la matiere qui doit devenir un vrai miel, s'épaiffit dans les fleurs ; l'abeille fait ramaffer cette liqueur, lorfqu'elle eft épanchée, ou même la tirer des réfervoirs où la nature la tient en dépôt : ces réfervoirs font certains corps glanduleux, différemment placés, & diverfement figurés , fuivant les différents genres de plantes. Les abeilles avalent ce nectar, dont une portion fert fans doute à leur nourriture ; mais celle qui doit être dépofée dans les alvéoles, reçoit, par le miniftere de leurs inteftins, une préparation qui change la fubftance mielleufe, en véritable miel.

On a vu plus haut, que le miel le plus parfait eft celui qui coule de lui-même des alvéoles : mais il faut comprendre que nous entendons feulement que c'eft le plus parfait de la ruche ; car la qualité des miels varie beaucoup fuivant les plantes qui l'ont fourni aux abeilles. On donne la préférence à celui qui eft le plus blanc : celui qui fe grene le mieux , & qui s'endurcit au fond des pots, eft préférable à celui qui devient en firop , & qui furnage. Il faut auffi que le miel ait une odeur aromatique , & que cette odeur lui foit naturelle ; car il y a des Marchands qui favent l'aromatifer avec des plantes odorantes, telles que les fleurs de romarin , &c. Le miel vaut beaucoup mieux dans les Provinces où il croît beaucoup de plantes aromatiques, que dans celles où les fleurs des plantes n'ont point d'odeur : celui que les mouches ramaffent fur le genêt, a une odeur de pois verds.

Quelques-uns , pour rendre le miel plus blanc, le mettent dans des terrines, & le battent avec des palettes, comme les Pâtiffiers battent les blancs-d'œufs qu'ils employent ; mais ce miel qui prend un œil blanc , n'eft point grené. D'autres y mêlent de l'amidon ou de la fleur de farine : il eft facile de reconnoître cette fraude, en mettant fondre le miel dans de l'eau claire : alors la farine qui ne fe diffout pas dans l'eau, la rend laiteufe. Plus le miel eft blanc , plus il eft eftimé ; mais il faut fur-tout rebuter celui qui a une odeur aigre. On fait cas auffi des miels , qui en bouillant, jettent peu d'écume.

Ce qu'on nomme *Cire brute* , eft un mêlange d'une fubftance mielleufe, avec la pouffiere des étamines des fleurs ; & ceux qui élevent des mouches , effayent, quand ils font dans le cas de nourrir leurs mouches , d'imiter ce mêlange, en joignant au miel une purée épaiffe de feves de marais *.

Comme l'extraction du miel fe fait par ceux qui donnent la premiere préparation à la cire, j'ai cru qu'il convenoit d'en dire quelque chofe ; mais je ne m'étendrai pas davantage fur cet objet qui peut être regardé étranger à l'Art du Cirier.

ARTICLE II.

De la Cire jaune ; de fa premiere purification , & de la maniere de la mettre en pains.

LA CIRE jaune eft une fubftance huileufe, jaunâtre, affez dure, qui fe

---

* On nourrit très-bien les mouches à miel , avec la compofition fuivante : miel, fix livres ; purée de lentilles , un quart de litron ; vin blanc , un poiffon.

trouve dans les ruches des abeilles. Ces mouches la forment avec les étamines des fleurs, qui reçoivent peut-être, comme nous l'avons dit, une préparation importante dans leur estomac, ou toute autre sorte de digestion : ce qui est certain, c'est que les petits grains des étamines ne se peuvent réunir, quand on les pêtrit; ils ne sont point ductiles entre les doigts, ni fusibles à la chaleur. Si on les expose au feu, ils brûlent, & ne laissent que du charbon : si l'on jette cette poussiere dans l'eau, elle se précipite au fond : au contraire, la cire est pêtrissable, fusible, spécifiquement plus légere que l'eau : il faut donc que la poussiere des étamines acquiere de la part des abeilles, quelque chose de la propriété des graisses.

Il seroit déplacé de s'étendre ici sur l'analyse chymique de la cire; mais il n'est pas hors de propos d'avertir, que quoique la cire ait une certaine dureté quand elle est froide, elle se réduit presque entiérement en liqueur, lorsqu'on la distille. Dans cette opération, il passe beaucoup d'une eau légérement acide ; & si l'on interrompt la distillation, au lieu de trouver dans la cornue une matiere plus seche que la cire, on n'y voit qu'une substance plus molle, ou une espece de beurre qui, étant distillée, fournit de l'huile : seize onces de cire fournissent plus de neuf onces de flegme acidule, & trois onces d'huile : il est singulier qu'il y ait autant d'eau dans une substance aussi inflammable.

La cire s'attendrit, & même se fond à la chaleur; & au contraire elle se durcit au froid, & devient presque friable : en brûlant, elle fournit une flamme claire, sans presque donner de fumée, & ne fait point sentir de mauvaise odeur.

J'ai dit que quand on distille la cire sans intermede, il passe dans le récipient, une huile épaisse & une liqueur légérement acide ; j'ajoute que si la cire qu'on distille est blanche, il ne reste presque point de résidu : la cire jaune en laisse davantage, ce qui est singulier ; car la substance grasse & colorante que le soleil & la rosée emportent, résiste plus ici à l'action du feu, que la vraie cire que le soleil ne peut attaquer.

Par les rectifications chymiques, l'huile épaisse perd de sa consistance, & de sa mauvaise odeur.

Ces opérations de chymie font soupçonner que la cire est formée, ainsi que les substances résineuses, d'un acide, & d'une substance huileuse ; néanmoins la cire ne se dissout point aussi parfaitement dans l'esprit-de-vin, que les résines.

Si l'on distille la cire avec différents intermedes, les produits sont différents les uns des autres, suivant les substances intermédiaires qu'on aura employées, & qui agissent différemment sur les parties intégrantes de la cire.

Ces remarques pourront aider à faire comprendre ce qui doit résulter

des

des pratiques des Ciriers ; il eſt bon néanmoins d'être encore prévenu ,
qu'à l'aide des alkalis , on peut faire avec la cire , comme avec la graiſſe ,
un ſavon qui ſe diſſout dans l'eau.

On ſait que les mouches conſtruiſent, avec leur cire, de petites loges hexa-
gones, dont les parois ſont fort minces, & qu'on nomme *alvéoles* (*fig.* 15) :
comme ces alvéoles ſe touchent immédiatement , elles forment , par leur
réunion , ce qu'on appelle des *Gâteaux* ou *Rayons* (*fig.*16). Une partie de ces
alvéoles eſt deſtinée à contenir le *couvain*, c'eſt-à-dire, les vers & les nimphes
qui doivent devenir par la ſuite des mouches ; d'autres alvéoles ne ſont
remplies que de cire brute, qui eſt la nourriture particuliere & ſolide ,
dont les mouches font uſage. Enfin, d'autres alvéoles ſont remplies de
beau miel : celles-ci ſont exactement fermées d'un petit couvercle de cire.

Les gâteaux nouvellement faits , ſont les uns d'un jaune clair & ambré ;
& les autres très-blancs : tous jauniſſent avec le temps, & même ceux qui
ſe trouvent placés au haut des ruches, deviennent d'une couleur brune ,
tirant ſur le noir ; c'eſt ce qu'on appelle de la *Cire maurine* (¹). Comme ces
cires de différentes couleurs peuvent blanchir ſur les toiles, on les pêtrit
enſemble , comme nous l'avons dit , pour en retirer par la preſſe , le miel
commun.

On ne retire que ſeize ou dix-huit onces de cire d'une ruche, où l'on
avoit mis , un an auparavant , un bel eſſaim , & qui ſe trouve bien remplie de
rayons. Si l'on ne tire cette cire qu'au bout de deux ou trois ans, quoique le
nombre des rayons ne ſoit pas augmenté, on en retirera deux livres, ou deux
livres un quart; cela prouve que les mouches augmentent, dans cet intervalle,
l'épaiſſeur de leurs alvéoles. Au reſte, ce que je dis ſur le produit des cires
par panier , ne doit pas être regardé comme une regle générale; car ſur
un nombre de ruches, on ne doit gueres compter l'une dans l'autre , que
ſur douze onces par ruche.

La cire jaune , ou la cire telle que la font les abeilles , eſt formée par
la vraie cire, je veux dire, par la cire blanche, & une ſubſtance colorante
qui paroît être une huile graſſe , moins fixe que la vraie cire. Le ſéjour
de la cire brute & du couvain dans les alvéoles , contribue à altérer la
couleur de la cire que font les abeilles; & en la fondant, cette cire brute
contribue encore à augmenter cette couleur jaune (²). Je dis que la ſubſtance colorante eſt graſſe , parce que la cire jaune eſt plus onctueuſe que
la blanche ; & je dis qu'elle eſt moins fixe que la cire blanche , parce que la
roſée , & principalement le ſoleil l'enlevent : c'eſt même une queſtion de
ſavoir ſi la roſée contribue à blanchir la cire. Quelques-uns penſent que le
ſoleil ſeul la blanchit. Et en effet, ſi l'on met de la cire ſur les toiles en

¹ *Maurine* ou *Mauresque*,à cauſe de ſa couleur noire.
² Dans les Fabriques , on appelle *Cire brute* , la
Cire jaune ; mais ceux qui élevent les Abeilles nomment *Cire brute* , le mélange des étamines des fleurs, & d'une ſubſtance mielleuſe,dont pluſieurs alvéoles ſe trouvent remplies.

CIRIER. C

Mars ou en Avril, elle y blanchit; mais au bout de quatre mois elle redevient jaune; ce qui n'arrive pas aux cires qu'on a mises fur les toiles, dans les mois où il y a peu de rofée, & où le foleil a beaucoup d'action.

D'ailleurs on fait que la rofée emporte peu à peu les huiles par expreffion, qu'on employe pour les peintures, ainfi que la couleur naturelle du chanvre & du lin.

La premiere préparation de la cire confifte à la purger de tout le miel que la preffe n'a pu enlever. Pour cet effet, on met la pâte qui fort de la preffe, tremper pendant quelques jours dans de l'eau claire, & l'on a foin de la remuer de temps en temps, pour laver la cire, & diffoudre le miel, ou, comme on dit, pour la *démieller*. Cette opération fe fait dans des baquets, *m* (*Pl. I. fig. 5.*) établis en chantier fur des trétaux, ou fur un bâtis de charpente affez élevé, pour qu'on puiffe mettre des fceaux *n*, au-deffous des robinets, pour pouvoir retirer l'eau fur laquelle la cire nage. La légéreté de la cire fait qu'il n'y a point à craindre que les robinets s'engorgent; d'ailleurs, il n'eft point néceffaire que la cire foit bien égouttée, puifqu'on eft obligé de mettre de l'eau dans les chaudieres où on la fait fondre.

Quelques-uns prétendent que la cire qui a ainfi trempé dans l'eau, refte toujours plus graffe que celle qu'on tient bien féchement; & ceux-là, pour démieller leur cire, l'étendent au fortir de la preffe fur des draps, près des ruches : alors un nombre prodigieux d'abeilles fe raffemblent fur cette cire, qu'on a rompue en petits morceaux; elles en fucent le miel qui eft à la furface; elles féparent cette cire en petites parties; & au bout de quelques jours, elle fe trouve réduite en parcelles auffi petites que du fon, & eft parfaitement démiellée, fans qu'il y ait la moindre diminution de fon poids; car les abeilles qui font très-friandes de miel, ne font aucun cas de la cire.

La feconde & la plus importante préparation de la cire, s'exécute en la faifant fondre pour la paffer dans un linge qui retient les corps étrangers. Et pour cela, on met dans une grande chaudiere de cuivre, (*Pl. I. fig. 6.*) affez d'eau pour la remplir au tiers; quand cette eau eft prête à bouillir, on y met peu à peu autant de pâte de cire, qu'il en faut pour que cette chaudiere foit remplie aux deux tiers, en entretenant au-deffous un feu modéré. L'eau en bouillant fait fondre cette cire, que l'on a foin de remuer avec une fpatule de bois, afin d'empêcher qu'elle ne s'attache aux bords de la chaudiere, où elle pourrôit fe brûler. J'ai dit qu'il falloit que la chaudiere ne fût pleine qu'aux deux tiers, parce que, comme la pâte de cire fe gonfle beaucoup, elle fe répandroit fi le vaiffeau étoit trop plein, quelque attention que l'on ait de la braffer pour diminuer ce gonflement, en donnant une iffue à l'air & aux vapeurs.

Quand la cire commence à fondre, alors on diminue le feu ; & lorsqu'elle est entiérement fondue, on la verse avec l'eau sur laquelle elle nage, dans des sacs de toile forte & claire, & on la met aussi-tôt en presse (*Pl. I. fig.* **7** *ou* 8) pour exprimer la cire qui est en fusion ; ou bien, on verse tout de suite la cire fondue dans la presse faite en forme de coffre, dont je donnerai ci-après la description.

La cire qui coule hors la presse, est reçue dans des vases *I* (*fig.* **7**) & *E* (*Fig.* 8) où il est bon de mettre de l'eau chaude pour que les crasses se précipitent.

Je remarquerai, en passant, qu'il faut éviter de ne pas beaucoup cuire la cire, parce qu'elle deviendroit trop seche, cassante & brune : cette couleur est d'autant plus fâcheuse qu'elle ne peut être enlevée ni par le soleil, ni par la rosée. Il ne faut pas s'inquiéter si l'on ne retire pas toute la cire par la premiere fonte : celle qui reste dans le marc, n'est pas perdue ; on la retire par une seconde fonte & une seconde expression ; pour cela on jette dans des baquets avec de nouvelle eau, le marc qui reste dans les sacs, où il se démielle ainsi pendant quelques jours ; ensuite on le met avec de l'eau dans la chaudiere, pour le traiter comme on a fait la premiere cire ; & enfin, par le secours de la presse, on obtient encore un peu de cire. On peut encore verser de l'eau bouillante sur les sacs pendant qu'ils sont sous la presse, pour entretenir la cire en fusion, & la déterminer à couler plus aisément. Il paroîtroit peut-être superflu de mettre ce marc dans les baquets pour y rester quelques jours, puisque le miel qui est beaucoup plus aisé à fondre que la cire, a dû être emporté dès la premiere fonte : il sembleroit même plus à propos de le mettre tout de suite dans la chaudiere ; mais on a éprouvé qu'on en retireroit moins de cire ; & à cette occasion je dois faire observer que si l'on prend un rayon récemment formé par les abeilles, & dans lequel il n'y a point encore eu de miel, on en peut retirer par l'eau, & encore mieux par l'esprit-de-vin, une substance sucrée & mielleuse. Quand cette substance a été retirée de la cire, elle en devient plus maniable : il est probable qu'en mettant la cire dans l'eau, comme nous l'avons dit, on enleve cette partie étrangere à la cire.

A mesure que ce qui est sorti du pressoir se refroidit, la cire se fige, & elle se sépare de l'eau, d'où on la retire par morceaux, & l'on enleve avec une lame de couteau, les saletés qui restes adhérentes au-dessous de ces morceaux : ces crasses sont rejettées dans les autres fontes. Ensuite pour en former des pains, on remet la cire fondre dans la chaudiere avec de l'eau ; & quand elle est fondue, & qu'elle a été écumée, on la verse dans des terrines, ou autres vaisseaux vernissés *p* (*fig.* 6.) dans lesquels il y a un peu d'eau ou qu'on a frottés d'huile : ces vaisseaux doivent être plus larges par le haut que par le fond : la cire se fige en se refroidissant, & elle se moule en gros pains, *q* (*fig. 6*), tels qu'on voit la cire jaune expofée en vente chez les Epiciers. On doit préférer, pour cette opération, de mettre de l'eau dans ces vaiſſeaux, plutôt que de les enduire d'huile ; 1°, parce que l'eau ne coûte rien ; 2°, parce que l'huile communique toujours un peu de gras à la cire.

On eſtime plus la cire en gros pains qu'en petits, qui ſont ordinairement trop cuits : quand les uns & les autres ſont tirés des moules, on emporte encore avec la lame d'un couteau les ſaletés qui ſe trouvent attachées à la cire, & on les réſerve pour les remettre dans les premieres fontes.

On doit, dans cette ſeconde fonte, encore plus ménager le feu que dans les précédentes, & mouler la cire auſſi-tôt qu'elle eſt fondue. Car c'eſt une regle générale, que la cire brunit à chaque fonte ; & ſi on la laiſſoit trop long-temps expoſée à l'action du feu, au lieu d'être onctueuſe, elle deviendroit ſeche & caſſante, ce qui eſt réputé être au moins un grand défaut dans les bonnes Manufactures, quoique dans quelques Blanchiſſeries, où l'on fait de la cire commune, on préfére cette cire ſeche à l'autre par la raiſon qu'elle eſt à meilleur marché, & qu'elle peut admettre plus de graiſſe : nous en parlerons dans la ſuite.

Ceux qui, dans les Provinces achetent les ruches des Payſans pour fondre la cire en gros pains, ſophiſtiquent quelquefois cette cire jaune avec des graiſſes & de la térébenthine ; mais les Ciriers connoiſſeurs ſavent bien la diſtinguer de celle qui eſt pure, en la mâchant, ſoit par le goût de graiſſe, ſoit à quelques autres ſignes qui leur ſont familiers par la grande habitude qu'ils ont contractée ; par exemple, après l'avoir mordue, ſi en ſéparant les dents, on entend un petit bruit, c'eſt ſigne que la cire n'eſt point alliée de graiſſe, & le contraire fait juger qu'on y a introduit de la graiſſe.

La cire en pain non ſophiſtiquée doit avoir une odeur mielleuſe, qui ne ſoit point déſagréable ; elle doit être onctueuſe, ſans être graſſe ni gluante, & elle doit avoir une couleur plus ou moins jaune, ſuivant les plantes du pays qui en ont fourni les matieres aux abeilles. L'odeur des cires varie encore aſſez ſenſiblement pour que les Connoiſſeurs puiſſent diſtinguer de quelles Provinces elles ſont apportées.

Néanmoins dans une même ruche, & dans la même ſaiſon, on trouve des gâteaux fort blancs, & d'autres qui ſont de couleur ambrée. Ordinairement les unes & les autres blanchiſſent également bien. Nous parlerons dans la ſuite de certaines cires qui ne blanchiſſent jamais parfaitement ; ce défaut vient probablement de la qualité des pouſſieres des étamines que les abeilles ont travaillées.

Quand on a mis ſous la preſſe des rayons très-chargés de cire brute, cette ſubſtance donne à la cire une couleur jaune & foncée. Pour lui ôter cette couleur, on jette la cire fondue dans de l'eau, on la lave, & on l'y

laiſſe

laiſſe ſéjourner quelque temps. En la refondant enſuite, on obtient une cire dont la couleur eſt plus ſatisfaiſante.

Si l'on conſerve long-temps à l'air la cire en pain, la ſuperficie perd ſa couleur jaune, & elle devient d'un blanc ſale, ce qui ne diminue cependant point de ſon prix.

Les Menuiſiers & les Ebéniſtes emploient de la cire jaune pour donner du luſtre à leurs ouvrages, auſſi-bien que les Frotteurs des planchers des appartements. On en fait auſſi des bougies pour la marine, parce que dans les pays chauds, le ſuif devient trop coulant. Suivant les différents rits, l'Egliſe emploie des cierges de cette cire, & dans quelques Chapitres l'on en diſtribue des bougies pour les aſſiſtances. Enfin on en fait uſage pour les ſceaux de Chancellerie. C'eſt auſſi cette cire jaune qu'on emploie pour faire différents onguents, des cérats & des maſtics : les Sculpteurs en font une compoſition mêlée de graiſſe pour faire leurs modeles. Nous reviendrons dans la ſuite ſur tous ces uſages ; mais comme la plus grande partie de la cire ne s'emploie qu'après avoir été blanchie, nous allons entrer maintenant dans le détail de cette opération.

CHAPITRE II.

Maniere de blanchir la Cire.

LES pratiques employées pour blanchir la cire jaune ſont à peu près les mêmes dans toutes les Blanchiſſeries du Royaume. S'il y a des cires plus ſeches les unes que les autres, c'eſt parce que ceux qui les blanchiſſent, les allient avec moins de ſuif, ou, qu'ils n'y en mettent point du tout : s'il y en a de plus blanches & de plus tranſparentes les unes que les autres, c'eſt que les Blanchiſſeurs entendent mieux leur art, & qu'ils apportent plus d'attention à leur travail, & encore parce qu'il ſe trouve des cires jaunes de différentes qualités : les unes ſe blanchiſſent aiſément ; d'autres demandent à reſter plus long-temps ſur les toiles ; enfin d'autres ne peuvent jamais acquérir un beau blanc. Nous reviendrons encore ſur cet objet après que nous aurons parlé de l'établiſſement général d'une Blanchiſſerie.

ARTICLE I.

Choix de l'emplacement pour l'établiſſement d'une Manufacture.

TOUTES les Fabriques ne ſont pas auſſi conſidérables que celle de M. Trudon, parce que chacun proportionne l'étendue d'un pareil établiſſement au travail qu'il peut faire ; mais dans l'un ou dans l'autre cas, il eſt néceſſaire, autant qu'il eſt poſſible, de choiſir un emplacement éloigné de toute montagne, des forêts & des grandes rivieres, pour n'être point expoſé aux grands

vents qui troublent les opérations, & qui occafionnent des pertes confi-
dérables aux Manufacturiers. Il faut encore fe tenir éloigné des grands chemins trop fréquentés, d'où il s'éleve pendant l'été beaucoup de poufliere.
Le voifinage des Verreries, des Faïenceries, des Fours à chaux, des For-
ges & fourneaux, eft encore à éviter à caufe des fuliginofités que le vent
peut porter fur les cires.

Comme le travail de la cire exige beaucoup d'eau, il eft bien avantageux
d'avoir à portée d'une Blanchifferie, une fource de belle eau qu'on puiffe conduire, par fa propre pente, dans les différents ouvroirs, & principalement
dans la fonderie. Il eft vrai qu'on peut fe procurer de l'eau par le moyen
des pompes; mais il eft bon d'éviter cette augmentation de frais.

Les bâtiments doivent être proportionnés à l'étendue du travail qu'on
veut faire. Dans les petites fabriques, ainfi que dans les grandes, il faut avoir
néceffairement dans le raiz-de-chauffée une fonderie & un magafin pour les
cires jaunes. Dans celles où, comme à Antony, on travaille les cires qui
y ont été blanchies, on y pratique d'autres atteliers pour la fabrication des
bougies, des cierges, des flambeaux & de toute forte d'autres ouvrages de
cire. A l'étage fupérieur, on fe ménagera des magafins carrelés & plafonnés
pour y conferver les cires rubanées. A mefure que l'occafion s'en préfentera,
je m'étendrai fur ce qui concerne particuliérement chacun de ces objets.

ARTICLE II.

Defcription abrégée des Uftenfiles néceffaires pour le blanchiffage de la Cire.

1°, UNE chaudiere de cuivre *A* (*Planche I fig. 9,*) étamée en coquille,
afin que l'étamage dure plus long-temps. Cette chaudiere eft évafée par en
haut; elle a un bord de 4 ou 5 pouce de largeur qui s'incline vers le dedans
pour que la cire qui tombe deffus fe rende dans le bain. La forme du fond de
la chaudiere eft affez femblable à une coquille d'œuf; à quatre ou 5 pouces
de ce fonds, eft foudé un tuyau de cuivre *C* d'environ 18 pouces de longueur, à l'extrémité duquel eft un fort robinet de cuivre.

Cette chaudiere qui doit fervir à fondre les cires jaunes & blanches, eft
montée fur un fourneau de briques *O* dont la bouche *K* qui fert à mettre
le bois dans la fournaife, eft ouverte de l'autre côté d'un mur, contre lequel eft appuyé le fourneau : cette bouche qui doit être fortifiée par un chaffis de fer, eft au fond d'une cheminée en hotte, qui conduit la fumée au
deffus du toit, & de cette façon la fumée ne peut pénétrer dans l'endroit
où eft placé la chaudiere; ce qui eft très-important, foit pour conferver la
blancheur de la cire, foit pour garantir les Ouvriers d'en être incommo-
dés.

2°, Une fpatule de fer mince ou de cuivre (*fig.* 10), qui eft formée d'une plaque de quatre pouces de largeur fur cinq de longueur, avec une queue de même matiere, d'environ fix pouces de longueur, dont le bout fe termine en crochet comme la queue d'une poële pour la fufpendre à un clou.

Cette fpatule fert à faire retomber dans la chaudiere la cire qui pourroit être reftée fur les bords, & à gratter la cire figée par-tout où il s'en trouve.

3°, L'entonnoir (*fig.* 11) qui eft auffi de cuivre étamé, & en forme de boiffeau. Il a environ huit pouces de diametre, fur quatre ou cinq pouces de hauteur; au bas eft foudé horizontalement un tuyau de cuivre étamé d'environ dix pouces de longueur.

Cet entonnoir fert à achever de vuider la chaudiere, après qu'on en a tiré tout ce qui peut s'échapper par le robinet. Pour cet effet, on place le tuyau de l'entonnoir dans celui de la chaudiere qui répond au robinet; & avec un pot dont nous allons parler, on verfe dans cet entonnoir la cire fondue, & l'eau qui eft reftée au fond de la chaudiere, afin qu'elle s'échappe par le robinet, ce qui difpenfe de l'élever au-deffus de la chaudiere pour la verfer dans d'autres vaiffeaux : tout ce qui accélere le travail, eft important dans une grande Manufacture.

4°, Le pot (*fig.* 12) eft de la même forme que le corps de l'entonnoir : il eft également de cuivre étamé, & il eft garni d'une anfe femblable à celle d'un arrofoir, pour en rendre l'ufage plus commode.

Ce pot fert à puifer ce qui eft refté dans la chaudiere, pour le verfer dans l'entonnoir.

5°, Les feaux des Blanchifferies, (*fig.* 13.) reffemblent aux feaux ordinaires : ils fervent à tranfporter l'eau dont on remplit la chaudiere; car il eft rare que la fource qui fournit à la fonderie, fe trouve affez élevée pour que l'eau foit portée directement dans la chaudiere.

6°, La fpatule de bois qu'on nomme auffi *Palon*, (*Pl. II. fig.* 7.) eft une efpece de longue pelle arrondie par le bout, dont le manche a environ quatre pieds & demi de longueur.

Cette fpatule fert à remuer la cire dans la chaudiere.

La cuve *D*, (*Pl. I. fig.* 9.) eft une *gueulebée*, ou futaille foncée feulement par le bout d'en-bas : elle eft cerclée de fer, & formée de douves épaiffes : elle eft en forme de tinette, plus large par le haut que par le bas : fa capacité doit être un peu plus grande que celle de la chaudiere. On y pratique, à fix pouces du fond, un trou rond pour recevoir la canelle *G*, qui eft de bois : quelques-uns en ajoutent une feconde plus haut, & vers le milieu de la cuve, pour *éculer*. Le cercle qui fe trouve un peu au-deffus du milieu de la cuve, porte trois forts crochets de fer qui fervent à l'enlever & à la defcendre commodément.

7°, La canelle, (*Pl. II. fig.* 9.) eft une piece de bois, dont la forme extérieure approche de celle d'un cône tronqué, de huit ou dix pouces de longueur : le gros bout ou la bafe de ce cône *ff* eſt fortifié par une frette de fer ; à deux pouces près du petit bout, eſt ajuſtée ſolidement une plaque de tôle forte. Ce cône eſt percé dans ſon axe & dans toute ſa longueur, d'un trou *d*, *e* d'environ neuf à dix lignes de diametre.

Le petit bout entre à force dans le trou fait à l'une des douves, juſ-qu'à la plaque de tôle qui ſert à l'arrêter avec des clous, & qui l'aſſujettit très-ſolidement : on ferme le bout intérieur *e* de ce tuyau, avec un bou-chon de liege *b* ; & quand la cire a dépoſé, on chaſſe ce bouchon avec une cheville ou broche de bois *c*, longue de quinze pouces, que l'on nomme *Lancette*, & qu'on enfonce dans la canelle : comme cette cheville eſt un peu conique, on peut faire couler plus ou moins de cire, ſelon qu'on la retire ou qu'on l'enfonce ; on l'arrête enſuite au point qu'on juge convenable, avec une ficelle attachée à la corde qui aſſujettit la couverture de la tonne.

L'uſage de cette cuve eſt de recevoir la cire fondue, où elle doit ſé-journer quelque temps, afin que les impuretés ſe précipitent au fond. On met par-deſſus un couvercle de bois (*Pl. I. fig.* 14), pour conſerver la chaleur de la cire fondue, & empêcher qu'il n'y tombe quelques or-dures.

8°, La couverture dont on enveloppe la cuve, eſt faite avec deux groſſes toiles piquées, garnies de laine ou de bourre ; comme elle eſt deſtinée à envelopper la cuve, pour que la cire s'entretienne plus long-temps chaude, ſon étendue eſt déterminée par la grandeur de cette cuve, & on la retient avec pluſieurs révolutions de corde.

9°, Un moulinet ou treuil *X* (*Pl. III. fig.* 2.) On verra dans la ſuite que la cuve *D*, placée plus bas que le fond de la chaudiere *A*, ſur un plateau de bois, ſouvent arrondi en-deſſus, & ſoutenu par des poten-ces de fer ſcellées dans le mur ; on verra, dis-je, qu'il eſt à propos de deſ-cendre fréquemment, & de remettre en place cette cuve. Ce moulinet deſtiné à faire commodément cette opération, eſt un cylindre ajuſté par des tourillons & des collets, dans un lieu commode de la fonderie ; ce cylindre eſt enveloppé par un cable qui paſſe dans une poulie *T*, attachée au plancher ſupérieur de la fonderie : ce cable ſe diviſe par le bout en trois cordons, garnis chacun d'un anneau, que l'on accroche aux crampons de la cuve : il eſt ſenſible, qu'en tournant le moulinet, on peut enlever commodément la cuve, quelque peſante qu'elle ſoit.

10°, Les baignoires *M*, (*Pl. I. fig. 9.*) ſont des vaiſſeaux de forme ovale ou quarrée, aſſez ſemblables à ceux qui ſervent à prendre les bains : elles ont 10 à 12 pieds de longueur, ſur trois pieds, quatre, ſix ou huit pou-ces de largeur : leur profondeur eſt de deux pieds quatre ou ſix pouces. Il

y en

y en a de pierre , d'autres font de bois cerclées de fer , & d'autres font doublées de plomb. Ordinairement on fait régner tout autour du bord fupérieur de ces baignoires une bande de fer ; & au bout qui eft vers le côté de la cuve, on fait aboutir un robinet *L* , pour fournir de nouvelle eau , à mefure que celle qui eft dans la baignoire s'échauffe par la cire fondue qui tombe dedans.

Au bout oppofé , on place un autre robinet pour décharger l'eau qui s'eft échauffée : on fera bien de mettre ce fecond robinet près de la fuperficie *P* (*Pl. I.*) , parce que c'eft-là que fe trouve l'eau la plus chaude ; enfin , à ce même bout & tout au bas, on met un troifieme robinet *R* , qui fert à vuider entiérement la baignoire.

On change la difpofition de ces robinets , fuivant que les circonftances l'exigent : nous en parlerons dans la fuite.

Du côté de la cuve , & à deux pieds & demi ou trois pieds du bout de la baignoire , on pratique de chaque côté une entaille *T* pour recevoir les tourillons du tour ou cylindre ; & à trois ou quatre pouces de ces entailles , on y fait des trous pour recevoir les pieds de la chevrette , comme nous allons l'expliquer.

L'ufage de la baignoire eft de refroidir fubitement la cire fondue qui tombe fur le tour, & de raffembler celle qui eft rubannée.

11°, Le tour *I* , (*Pl. I. fig. 9.*) eft un cylindre fait ordinairement de bois de noyer, (les plus gros cylindres font les meilleurs). Il doit être un peu plus court que la largeur de la baignoire , à l'endroit où on le place.

Ce cylindre eft traverfé dans toute fa longueur, & fuivant fon axe, par une barre de fer quarrée, dont les deux bouts qui excedent les entailles ou couffinets d'environ quatre pouces , font arrondis pour former les axes qui doivent être reçus dans les entailles qui font au bord de la baignoire. On ajufte à un des bouts une manivelle *Q*, qui fert à faire tourner le cylindre qui reçoit la cire fondue , & qui la porte à l'inftant dans l'eau fraîche de la baignoire ; ce qui forme les rubans.

12°, Le grêloir. Pour que la cire fondue tombe dans toute la longueur du tour par petits filets, on la fait couler de la cuve dans un vaiffeau de cuivre, dont le fond eft percé d'un rang de petits trous, & qu'on nomme *Grêloir*, parce qu'il *grêle* ou *rubanne* la cire.

Le grêloir eft donc une efpece de coffre , fait de cuivre étamé *a a* (*Pl. I. fig. 9.*) qui eft à-peu-près de la même longueur que le cylindre ou tour ; il a huit pouces de hauteur , trois pouces de largeur par le fond , & fix pouces de largeur par le haut : le fond eft bombé, & le milieu s'éleve, dans toute la longueur du grêloir, de trois ou quatre lignes feulement, & dans la largeur d'un pouce ; de forte qu'en regardant le fond de ce vaiffeau

CIRIER.   E

par le dedans , on voit que le milieu s'éleve comme un quart de rond ,
accompagné fur les côtés de deux gouttieres.

Sur la partie la plus élevée du quart de rond , font percés une file de
petits trous à un demi-pouce les uns des autres , & qui font de calibre
à laiffer paffer un grain de froment. C'eft par ces trous , que la cire coule
par filets , pour fe rendre fur le tour. L'éminence du fond du grêloir faite
en quart de rond , & les gouttieres qui l'accompagnent , font faites , pour
que les corps étrangers en tombant dans les gouttieres , n'empêchent pas
la cire de couler , & qu'elle en foit plus pure. C'eft encore pour que la
cire foit exempte de toutes faletés , qu'on la fait paffer de la cuve dans le
grêloir , par une paffoire *B* , qui pofe fur les bords de la plaque , laquelle
eft foutenue au moyen d'une petite feuillure de deux lignes de profondeur , dans laquelle cette plaque entre : cette feuillure eft pratiquée au
bord fupérieur du grêloir , & elle eft formée par une petite lame de
cuivre , qui y eft foudée intérieurement. Aux deux bouts du grêloir
font rapportées deux cavités *aa* , formées en maniere de hottes , dans
lefquelles on met de la cendre chaude pour entretenir la cire en fufion vers
les bouts du grêloir où elle pourroit fe refroidir , plutôt qu'au milieu.

Le grêloir que nous venons de décrire , eft repréfenté *H H.* (*Pl.
III. figure* 1.) On en voit un autre d'une forme différente *A B* dans
la *Pl. II. fig.* 1.

13°, La chevrette. Chaque Manufacture emploie un moyen différent
pour placer le grêloir au-deffus du tour , & fous la canelle de la cuve.
Dans la Manufacture de M. Trudon , on voit un chaffis de fer *h* (*Pl. III.
fig.* 1.) auffi long que la baignoire eft large , à l'endroit où eft établi le
tour ; & fa largeur eft fixée par celle du grêloir , prife au milieu de
fa hauteur. Aux quatre angles de ce chaffis font rivés quatre montants ou
pieds de fer , qui entrent dans des trous pratiqués fur les bords de la
baignoire : des deux bouts de ce chaffis , s'élevent deux pieces de fer
qui forment comme un V : c'eft dans ce triangle ouvert que l'on pofe
le grêloir , comme on le voit en *H* (*Pl. III. fig.* 1.) On pourroit donner
à ce fupport des formes différentes , & qui feroient à-peu-près auffi
bonnes les unes que les autres.

14°, La plaque C (*Pl. VIII. fig.* 1.) que nous avons dit qu'on pofe
dans la feuillure du grêloir , eft de cuivre étamé , ou de fer blanc : elle
a environ quinze pouces de longueur fur la largeur du grêloir ; elle a fur
trois de fes côtés , un rebord d'un demi-pouce de hauteur ; le quatrieme
eft dentelé : l'ufage de cette plaque eft de laiffer tomber la cire dans le
grêloir , en forme de nappe , & d'empêcher qu'elle ne tombe en flot , ce
qui l'empêcheroit de couler uniformément par les trous.

15°, La paſſoire *B* (*Pl. VIII. fig.* 1.) eſt de cuivre étamé en dedans & en dehors : elle eſt ordinairement de forme ovale ; elle a des rebords ; & ſon fond eſt percé de quantité de petits trous. On la poſe ſur la plaque , pour empêcher qu'aucune ordure ne puiſſe paſſer dans le grêloir.

16°, La fourche eſt faite d'un bois fort léger & très-uni : elle a quatre pieds de longueur , & elle ſe diviſe en trois branches ou fourchons (*Pl. II. fig.* 2.) qui par leurs bouts ſont écartés de ſix pouces les uns des autres : elle ſert à retirer des baignoires la cire rubannée. On la garnit d'oſier dans les Manufactures où l'on travaille des cires fort alliées.

17°, On ſe ſert d'un tamis ordinaire (*Pl. II. fig.* 11.) garni d'une toile de crin, pour retirer de deſſus l'eau des baignoires les parcelles de cire que la fourche n'a pu enlever. On ſe ſert encore d'autres tamis, qui en place de toile de crin, ſont garnis d'un filet de ficelle : ceux-ci ſervent à retirer de la baignoire les pains qui ſe trouvent *éculés* (*Pl. VIII. fig.* 8).

18°, Ce qu'on nomme le *Coffre à éculer*, eſt véritablement un coffre de cuivre en forme de quarré long, étamé en dedans & en dehors (*Pl. VIII. fig.* 1). Il a à peu-près deux pieds & demi de longueur ſur quinze pouces de largeur : ſon couvercle eſt compoſé de trois pieces : celle du milieu *a* eſt une paſſoire ; & les deux autres *b* qui ne ſont point percées, s'ouvrent à charnieres. A l'un des bouts, & tout près du fond de ce coffre, eſt placé un robinet *c*; & des deux côtés regne en dehors, & dans toute la longueur, une braiſiere de tôle *a a*, dans laquelle on met de la cendre chaude, pour empêcher la cire de ſe refroidir.

Quand on ſe diſpoſe à éculer, on ſubſtitue ce coffre à la place du grêloir, ſous le robinet de la cuve, & on le ſoutient par un chaſſis de fer, dont les pieds *e e* ſont reçus dans des trous faits à une planche de deux pieds de largeur, ſur quatre de longueur, qui eſt poſée ſur les bords de la baignoire.

Ce coffre forme une eſpece de réſervoir pour fournir de la cire aux Ouvriers qui viennent remplir leurs *Eculons*. Dans pluſieurs Fabriques, où l'on ne ſe ſert point de ce coffre, on remplit les éculons ſous le robinet même de la cuve.

19°, L'éculon eſt un vaiſſeau de cuivre étamé en dedans, d'une forme ronde par le derriere, & plate ſur le devant, avec une anſe de chaque côté. La hauteur de ſes bords eſt d'environ quatre à cinq pouces, & ſa largeur d'un pied. Vers la partie plate qui forme le devant, il y a 2 ou 3 trous, à chacun deſquels eſt ſoudée une gouttiere, ou tuyau de cuivre étamé, au moyen duquel on peut remplir à la fois deux moules, & former plus promptement les pains. Il y a des éculons qui n'ont qu'un ſeul bec ; d'autres, deux (*Pl. III. fig.* 4); d'autres en ont trois, & d'autres éculons portent encore une braiſiere. Dans la Manufacture de M. Trudon, on ſe ſert d'éculons à deux becs ; dans les petites Manufactures, on se sert d'une burette *Y*, qui a un bec *Z*, une anse *&*.

20°, Les chaffis pour éculer *S*, (*Pl. III. fig.* 1 & 2, & *Pl. IV. fig.* 1) sont comme les pieds d'une table de douze à quinze pieds de longueur, formés par un assemblage de forte menuiserie ou de charpente. La traverse d'un des bouts excede les autres en hauteur d'un bon pouce, pour arrêter les planches à pains que l'on arrange dessus.

21°, Les planches à pains *X* (*Pl. III & IV. fig.* 1.) sont tout simplement des planches de chêne ou de noyer, de quatre pieds de longueur sur un pied de largeur, assemblées à leurs extrémités par des emboîtures, pour empêcher qu'elles ne se voilent ; & sur une de leur face, sont creusés des moules ronds qui ont environ quatre pouces de diametre sur trois lignes de profondeur.

Ces moules sont percés deux à deux à côté les uns des autres dans la largeur de chaque planche, & dans toute sa longueur ; & on les espace de façon que deux répondent à la distance qu'il y a entre les 2 becs de l'éculon. C'est dans ces moules qu'on verse la cire fondue, pour en former de petits pains. On creuse trois moules dans la largeur des planches quand on se sert d'éculons à trois becs.

22°, On se sert de mannes d'osier, dont la forme est en quarré long de 3 pieds ½ de longueur sur 18 pouces de largeur, & un pied de profondeur : elles ont une anse à chaque bout. On les garnit de toile en dedans. Leur usage est de servir à transporter la cire rubannée & les pains éculés de la baignoire sur les toiles.

Les brouettes servent à transporter ces mannes aux toiles, elles sont de grandeur proportionnée à celles des mannes. On voit (*Pl. II. fig.* 4) une de ces brouettes ; & dessus une manne garnie de toile.

23°, Les bâtis ou quarrés de charpente pour tendre les toiles, ont autant de longueur que le terrein le permet, telle que 60 ou 80 pieds ; mais il ne faut pas qu'ils ayent plus de huit à dix pieds de largeur, *Pl. IV. fig.* 2 & 3). Les pieds *a a* qui doivent supporter ces quarrés à deux pieds au-dessus du terrein, sont des pieux pointus qu'on enfonce en terre d'environ un pied & demi ; mais il faut avoir soin que les têtes de tous ces pieux soient à une même hauteur. On met dans la largeur de ce quarré, trois files de pieux qui s'étendent de toute la longueur du quarré ; ainsi, si l'on donne huit pieds de largeur à ces quarrés, il doit se trouver quatre pieds de distance entre les files de ces pieux ; & l'on a soin que les pieux qui forment les trois files soient exactement vis-à-vis les uns des autres, & à quatre pieds de distance en tout sens les uns des autres.

On cloue sur la tête des pieux qui forment la file du milieu, des tringles taillées en tiers-point *d d*, dont on applique la face plate sur la tête

des

des pieux : on cloue enfuite de pareilles tringles *c c* qui croifent les premieres à angles droits, & qui lient ainfi les trois pieux qui font la largeur des
quarrés : enfin, on cloue fur la tête des pieux *a a* qui forment le pourtour des
quarrés, d'autres tringles *b b*, de quatre pouces de largeur fur quatorze à
quinze lignes d'épaiffeur. Les tringles du pourtour font percées de trous de
fix pouces en fix pouces, dans lefquels on place des chevilles *e e* de fix pouces de longueur ; & de diftance en diftance on met des piquets *f f* longs de
deux pieds, au haut defquels on fixe un clou à crochet. Quelques-uns y ajoutent des cordes en diagonale, pour foutenir les toiles plus plates ; mais on
n'y en met pas ordinairement.

Les quarrés dont nous avons donné la defcription, fervent à tendre les
toiles fur lefquelles on doit étendre la cire rubannée : les chevilles des tringles du pourtour fervent à tendre horizontalement le fond des toiles, &
les piquets en foutiennent les bords relevés verticalement *i i*, (*Pl. IV, fig.* 3).

24°, Il eft bon que l'étendue des toiles foit proportionnée à la grandeur
de la chaudiere, afin que la cire d'une fonte puiffe entiérement s'arranger fur
une ou deux de ces toiles. On doit laiffer au moins trois pieds d'intervalle
entre chaque quarré, pour qu'on puiffe paffer commodément les brouettes,
& que les Ouvriers qui arrangent les cires, ne s'incommodent point les uns
les autres.

Comme le fond de ces toiles doit garnir toute la fuperficie des quarrés,
elles font ordinairement compofées de trois lez coufus enfemble : on coud
encore tout autour un demi-lez, pour former la bordure *i i*, *C* (*fig.* 3), à
laquelle on fait un ourlet ; tout le tour du fond de la toile eft garni d'anneaux de ficelle dans lefquels on paffe une corde.

Pour tendre les toiles & les mettre en état de recevoir la cire, on les
étend fur les quarrés de charpente, & on paffe de diftance en diftance la corde
qui traverfe les anneaux du fond, derriere les chevilles *e e* du pourtour ; enfuite
on releve la bordure pour l'attacher aux crochets qui font au haut des piquets *f f*. Ces toiles s'alongent par le fervice ; mais pour qu'elles demeurent
toujours bien tendues après avoir fervi quelque temps, on paffe la corde
derriere un plus grand nombre de chevilles *e e* ; & comme le vent qui prend
les toiles par-deffus pourroit faire fortir la corde des chevilles, on l'arrête
de diftance en diftance aux traverfes du pourtour par des liens *h h*.

25°, La pelle à rejetter, qui fert à repouffer la cire deffus les toiles, eft
une longue pelle à four. (*Pl. II, fig.* 8).

26°, Les facs font faits de groffe toile & femblables à ceux où l'on
met du grain : ils fervent à tranfporter dans les greniers la cire qui a été
fur les toiles.

27°, Les mains de bois (*Pl. II, fig.* 6) font faites avec des planches minces de fapin ; elles ont environ quatre pieds de long fur huit à dix pouces

CIRIER. F

de largeur : elles font arrondies à un bout ; & à l'autre, il y a deux ouvertures pour paffer les doigts. Elles fervent à retourner la cire fur les toiles,
il y en a de plus petites pour la lever & la mettre dans les facs.

28°, Le rabot, (*Pl. II*, *fig.* 12) eft un chanteau de futaille, au milieu
duquel on fixe un manche de quatre à fix pieds de longueur ; il fert à rapprocher vers les bords de la toile, la cire qui eft au milieu, pour la lever
plus commodément lorfqu'on doit la mettre dans les facs.

29°, La fourche à égaler (*Pl. II*, *fig.* 5) eft à deux fourchons, & faite
de bois léger : elle n'a que 2 ½ pieds de longueur ; fes deux fourchons
ne font éloignés l'un de l'autre que de quatre pouces : elle fert à égaler la
cire fur les toiles.

30°, On fe fert auffi, pour étendre la cire fur les toiles, d'un fauchet ou
rateau de bois (*Pl. II*, *fig.* 13) femblable à ceux que l'on emploie pour
ramaffer l'avoine & le foin. On ne fait gueres ufage de ce fauchet pour étendre la cire, que quand les toiles ont été doublées.

De l'achat & du choix des Cires jaunes.

LA confommation de la cire eft trop confidérable en France pour que
celle que les abeilles y font, puiffe y fuffire : on tire beaucoup de cire jaune ,
du Levant : Conftantinople, Alexandrie, plufieurs ifles de l'Archipel ,
Candie, Chio, Samos, &c, en fourniffent abondamment ; il en vient encore du Nord, & fur-tout de Barbarie. Les Propriétaires des Blanchifferies
les achetent directement des Commerçants qui les font paffer en France, à
moins qu'ils n'aient des Correfpondants fur les lieux mêmes.

Il y a dans les ifles Antilles de l'Amérique de petites abeilles fauvages qui
font dans le creux des arbres une cire noire qui reffemble à de l'onguent :
comme on n'a pas pu parvenir à en blanchir la cire, on en a négligé le
commerce.

On ne doit pas mettre au rang des vraies cires, celles de la Louyfiane,
quoiqu'on en faffe des chandelles dans le pays même ; c'eft une fubftance
réfineufe qui couvre les fruits ou baies d'un arbriffeau nommé *Gale*. J'ai
détaillé dans le *Traité des Arbres & Arbuftes*, le moyen d'extraire cette réfine.

Les Voyageurs parlent auffi d'une fauffe cire blanche de la Chine,
qui ne jaunit pas auffi aifément que notre cire : ils difent qu'elle eft compofée de petites écailles, ainfi que le blanc de baleine, & qu'on la retire
de certains petits vers que l'on fait bouillir dans l'eau. Je n'ai point vu
de cette cire. Au refte on fait que l'on peut faire de belles chandelles avec
du blanc de baleine, comme on en peut faire de très-communes avec différentes fubftances réfineufes.

Les Blanchiffeurs ne travaillent dans leurs Manufactures que la cire que font
les abeilles. Outre celle que l'on tire de l'Etranger, plufieurs Provinces du

Royaume nous en fourniffent abondamment : favoir, la Champagne, l'Auver-
gne, l'Anjou, le Bourdelois, la Normandie, la Bretagne, la Sologne, &c :
& comme ce font les Habitants de la campagne qui foignent les ruches, &
qui en tirent eux-mêmes la cire ; c'eft auffi à eux à qui on s'adreffe direĉte-
ment pour l'avoir de la premiere main, mais comme un Entrepreneur de
Manufaĉtures ne peut pas ordinairement parcourir lui-même ces Provinces,
il doit avoir des Correfpondants qui fe chargent de ce foin.

Si les gens de la campagne élevoient une plus grande quantité d'abeilles,
ils fe procureroient un profit qu'on eft forcé de porter à l'Etranger ; & cet
avantage qui leur feroit perfonnel, tourneroit au bien de l'Etat : voici quelques obfervations qui pourront être utiles à ceux qui font des levées de
cire dans les campagnes, & qui veulent en faire un bon choix.

La couleur brune ou noirâtre que les anciens rayons acquierent dans les
ruches par le féjour du miel & du couvain dans les alvéoles, fe diffipe aifément, & ne doit faire aucune diminution fur le prix de la cire. Il n'en
feroit pas de même fi cette couleur brune venoit de ce que la cire auroit
été trop chauffée dans la premiere fonte.

Je ne dirai rien des alliages & fophiftications qui peuvent altérer la
qualité des cires, parce que j'en ai parlé ci-devant ; mais il y a certaines
cires qui ont une couleur fixe qu'on ne peut jamais emporter entiérement.

De ce que les mouches, comme nous l'avons dit, ramaffent la cire fur
différentes efpeces de plantes, il en réfulte que leur cire en contraĉte
différentes qualités ; & comme certaines plantes viennent très-abondam-
ment dans quelques cantons, & que d'autres plantes fe plaifent davantage
dans d'autres endroits, c'eft probablement ce qui fait que les cires de certaines Provinces blanchiffent aifément, d'autres plus difficilement, & que
d'autres enfin ne font point fufceptibles de jamais acquérir une blancheur
même médiocre.

Par exemple, les cires de la Sologne blanchiffent mieux que celles du Gatinois. Il eft encore conftant, dans les Blanchifferies, que les cires qui viennent des montagnes du Limoufin, celles de la Baffe-Bretagne & d'une partie de la Baffe-Normandie, blanchiffent dans la plus grande perfeĉtion ; que
celles de quelques endroits du Poitou, ne leur cedent gueres ; & en général, l'on eftime les cires qui viennent des pays où il croît du farrafin, où
il y a beaucoup de landes remplies de genêts, de bruyeres, de genévriers,
&c ; on n'eftime point celles qui viennent des pays de grands vignobles.
Les cires du Levant blanchiffent beaucoup plus aifément que celles qu'on
tire des pays froids ; mais le plus fûr eft de conftater par des épreuves fa-
ciles à exécuter, la difpofition que les cires ont à blanchir, & celles qui peuvent acquérir le plus beau blanc.

Une de ces épreuves fe fait en raclant avec un couteau des pains de cire jaune, pour en détacher des feuillets fort minces qu'on expose à l'air en forme de petits flocons: les personnes expérimentées jugent bientôt par le changement de couleur, quelle peut être la qualité de ces cires.

Il est d'expérience que la rosée, & particuliérement l'action du soleil, ont la propriété d'enlever une grande quantité de teintures: plusieurs de celles qui résistent au différents débouillis, sont détruites par l'action du soleil: il n'y a presque aucune peinture à l'huile qui puisse résister à cet agent: le blanc en reçoit, à la vérité, plus d'éclat; mais lorsque l'huile est détruite, il ne reste plus qu'une impression seche, semblable à de la craie. Quelques teintures supportent cette épreuve; mais la plûpart son entiérement détruites, & au point que certaines étoffes redeviennent blanches. Le lin & le chanvre perdent sur le pré leur couleur naturelle, & les toiles qui en sont faites deviennent absolument blanches. Les ouvrages faits d'os & d'ivoire, après être devenus fort jaunes, reprennent sur le pré leur premiere blancheur. La couleur jaune de la cire peut être emportée par le même moyen; mais pour cet effet, il faut, 1°, que la cire soit encore plus épurée de corps étrangers, qu'elle ne l'a été par la premiere filtration qu'on lui a donnée en la fondant pour la mouler en gros pains. 2°, Il faut qu'elle soit réduite en lames très-minces, afin qu'elle puisse présenter plus de surfaces au soleil: c'est cette opération que l'on appelle; *rubanner* ou *gréler*, comme si l'on disoit, *qu'on la rend gréle*, ou *qu'on en forme des rubans*.

Le terme de *rubanner* qu'on emploie dans la Manufacture de M. Trudon, est un terme propre, parce que, par l'opération dont nous allons donner le détail, on en forme des especes de rubans, & on y nomme aussi, *grener*, l'opération de réduire la cire en petits grains, que nous expliquerons dans la suite. 3°, Il faut placer la cire sur des toiles, pour l'exposer au soleil & à la rosée: 4°, Enfin on la moule en petits pains, & c'est alors qu'elle est en état d'être vendue à ceux qui font la bougie & les cierges. C'est-là que se termine le travail des Blanchisseries, où les cires sont fondues trois fois, comme nous le dirons après avoir parlé de la réception des cires dans les Manufactures.

De la réception des Cires jaunes dans les Manufactures.

LORSQUE la cire est arrivée dans une Manufacture, on doit la peser pour connoître si le poids se rapporte à celui de la facture qu'on a reçue du Correspondant; il est encore à propos de visiter chaque pain l'un après l'autre, & les casser par morceaux, afin de voir si la cire que l'on reçoit est de bonne qualité, & si les pains ne renferment aucuns corps étrangers, tels que du fer, du plomb, des cailloux, de la résine, & autres drogues; car selon les endroits d'où elles viennent, elles sont plus ou moins sujettes à être sophistiquées : ceci regarde principalement les cires qui
viennent

viennent des pays étrangers. Mais ces fraudeurs font souvent dupes de leur friponnerie ; car les Ciriers connoisseurs en refusent la réception, ou ils exigent une forte diminution sur le prix.

L'opération de rompre les cires en plusieurs morceaux, est encore nécessaire, pour qu'elles puissent être plus aisément fondues, & que n'ayant pas besoin d'un grand feu, elles soient moins exposées à roussir dans la chaudiere.

Détail de la Fonderie des Cires.

ON APPELLE *Fonderie*, (*Pl. III.*) une grande salle basse, où sont placés les fourneaux, les chaudieres *A*, les cuve *D*, les baignoires *M*, & tout ce qui est nécessaire à la fonte des cires, & à leur fabrication en pains. Il est bon qu'il y ait des rigoles *b c* (*Pl. III. fig.* 1.) pour l'écoulement des eaux qui sortent des baignoires, & que l'endroit soit vaste, afin que les Ouvriers qui y travaillent, ne s'embarrassent point les uns les autres, & puissent exécuter aisément leurs différentes opérations.

Fonte de la Cire jaune : façon de former le Ruban : son transport sur les Toiles, & des Toiles au Magasin.

VERS la mi-Mai, lorsque la belle saison est arrivée, on commence les travaux de la Blanchisserie ; & pour cet effet, on met dans une des chaudieres *A* (*Pl. III.*) une quantité de morceaux de cire jaune suffisante pour couvrir une des toiles destinées à recevoir la fonte. On met dans la même chaudiere quatre ou cinq pintes d'eau par cent pesant de cire ; après quoi on allume le feu sous cette chaudiere, & on y laisse fondre la cire doucement. Lorsque tout est presque fondu, un Ouvrier remue & brasse la cire avec une spatule de bois, jusqu'à ce qu'elle soit bien en fusion ; ensuite le Chef aux travaux prend la spatule des mains de l'Ouvrier, & continue à remuer jusqu'à ce que la cire ait acquis un degré de chaleur suffisant, & assez de fluidité pour bien déposer. Mais comme ce degré de chaleur doit varier, selon les divers pays ou provinces d'où l'on a tiré les cires, il n'y a que la grande habitude qui puisse le faire connoître, d'autant plus que l'Ouvrier s'en apperçoit plutôt à la résistance que la cire fait à la main, qu'au coup d'œil.

Pendant que la cire fond dans la chaudiere, d'autres Ouvriers montent une des cuves *D*, dont la canelle est bouchée en dedans avec un morceau de liege. Ils la placent sur le plateau qui est au-dessus de la baignoire & au-dessous de la chaudiere. Lorsque la cire a acquis son degré de chaleur, le Chef avertit un Ouvrier d'ouvrir le robinet de la chaudiere pour laisser couler dans la cuve la cire en fusion dans laquelle l'eau est mêlée.

Lorsque toute la cire est tombée, on met le couvercle dessus la cuve,

& on l'enveloppe de fa couverture, qu'on retient avec une corde.

Comme la cire fe purifie par la précipitation des corps étranger qui s'y trouvent mêlés, il eft à propos qu'elle refte un certain temps en fufion dans la cuve; & c'eft pour cette raifon qu'on l'enveloppe d'une épaiffe couverture.

La cire refte ainfi en fufion pendant l'efpace de deux ou trois heures, plus ou moins, fuivant la capacité de la cuve. Pendant ce temps, l'eau qui étoit mêlée avec la cire, tombe toute au fond par fon propre poids, & elle entraîne avec elle les craffes qui fe raffemblent au-deffous de la canelle; c'eft-là ce qu'on appelle *faire dépofer la cire*.

Pendant que la cire dépofe ainfi, on ouvre le robinet pour remplir d'eau fraîche une des baignoires *M*. Lorfque la cire à fuffifamment dépofé, on place les deux tourillons du cylindre dans les deux entailles de la baignoire; on pofe la chevrette dans les trous qui la doivent recevoir, & on met deffus le grêloir que l'on a fait chauffer. On place au milieu de ce grêloir, & deffous la canelle de la cuve, la plaque & la paffoire; on couvre les deux bouts du grêloir avec deux petites planches, pour empêcher que les mouches ou quelques ordures ne tombent dans la cire fondue; & l'on met de la cendre chaude dans les deux entonnoirs du grêloir.

Tout étant ainfi difpofé, une femme s'affied près de la baignoire: elle prend la manivelle, & fait tourner le cylindre. Comme la moitié du cylindre trempe dans l'eau de la baignoire, en le tournant, il fe trouve mouillé dans toute fa circonférence. Le Chef aux travaux perce la fonte, ce qu'il effectue en pouffant avec force la broche ou lancette dans la cannelle pour jetter en dedans de la cuve le morceau de liege qui bouchoit la cannelle; puis attachant à la corde qui entoure la couverture de la cuve, la ficelle attachée à la broche, il laiffe couler de la cuve la cire, qui tombe dans la paffoire, de la paffoire fur la plaque, de la plaque dans le grêloir; d'où coulant fur un des côtés de ce grêloir, les deux rigolles qui font au fond s'empliffent de cire qui s'écoule par les trous du fond, & tombe en forme de filets fur le cylindre que la femme tourne continuellement.

Ces filets de cire liquide s'applatiffent fur la partie du cylindre où ils tombent, & la cire entrant dans l'eau fe congele, de forte que chaque filet forme un ruban femblable, pour la forme, à celui qu'on nomme *faveur*: la fraîcheur de l'eau fait que le ruban de cire fe détache du cylindre, dont le mouvement circulaire imprime un courant à l'eau, qui fe porte vers le bout de la baignoire où il entraîne les rubans de cire.

Afin que l'eau foit toujours fraîche, le robinet qui en fournit refte ouvert pendant tout le temps que dure la fonte; de même que celui qui fert à décharger celle qui s'eft échauffée: par ce moyen, l'eau fe renouvelle continuellement, & elle conferve fa fraîcheur ce qui eft important;

car fi l'eau s'échauffoit par la chaleur de la cire, les rubans refteroient attachés au cylindre, ou ils fe colleroient les uns aux autres, & cette cire feroit mal rubannée.

Pendant l'opération que nous venons de décrire, celui qui étoit à la gauche de la baignoire pour y percer la fonte, revient au côté droit; & prenant la fourche de fes deux mains, il en retire la cire en ruban qui furnage; ce qu'il fait en mettant dans l'eau de la baignoire auprès du tour, les branches de la fourche, & en les conduifant jufqu'au bout de la baignoire oppofé à la cuve, où il enleve les rubans, & les met dans une manne qui eft à côté de lui. Il eft néceffaire que les branches de cette fourche foient bien unies afin de ne point caffer les rubans lorfqu'ils tombent en gliffant dans la manne.

Quand la manne eft pleine de rubans, celui qui l'a emplie & le Brouettier l'enlevent par les anfes, & la mettent fur une brouette; puis le Brouettier conduit cette manne pleine auprès des quarrés, où étant arrivé près de la toile deftinée à recevoir la cire (cette toile eft tendue, & les bordures font rabattues), le Brouettier & une femme qui l'aide, enlevent la manne de deffus la brouette, & renverfent la cire fur la toile. Pour lors cette femme étend avec fes mains la cire fur la toile, & une autre femme fe fervant d'une petite fourche l'étend au milieu de la toile où la premiere n'a pu atteindre; & elle *égalife* cette cire fur toute la fuperficie de la toile, en ôtant avec fa fourche des rubans dans les endroits où ils fe trouvent trop épais, pour les remettre dans d'autres où il n'y en a pas affez.

Pendant cette opération, deux autres femmes poftées de l'autre côté du quarré, font la même manœuvre que les deux premieres, parce que l'Ouvrier qui eft à côté de la baignoire, tire continuellement des rubans de cire dont il remplit une autre manne qu'un Brouettier conduit aux toiles, auffi-tôt qu'elle fe trouve pleine, afin que le travail ne foit point interrompu pendant que la fonte coule. Les Brouettiers font donc occupés à conduire les mannes, à les verfer fur les toiles & à revenir près de la baignoire, pour fournir des mannes à celui qui retire la cire. Pour que les Brouettiers ne s'embarraffent point dans les petits chemins qui font entre les quarrés, ils vont tantôt par la droite & tantôt par la gauche de la toile; enforte qu'ils fourniffent inceffamment de la cire aux femmes qui font des deux côtés des quarrés, & qui doivent l'arranger. Ce travail continue ainfi tant que la fonte coule. Quand la cuve eft prefque vuide, on l'éleve par derriere en s'aidant d'un levier, afin que tout ce qui eft fondu paffe par la cannelle, & l'on ceffe lorfque l'eau de la cuve commence à couler. Il faut environ une heure & demie pour tirer un millier de cire.

La fonte étant finie, on découvre la cuve, & on la defcend pour en

remettre une autre à la même place ; parce que dans les grandes Manufactures, comme celle de M. Trudon, on fond jusqu'à six milliers de cire
par jour, ce qui forme six fontes. Pour avoir tout le temps qu'exige cette
opération, on allume dès minuit le feu sous une chaudiere ; sur les deux
à trois heures, on allume encore le feu sous une autre ; & lorsque la cire
de la premiere fonte a acquis son degré de chaleur, elle tombe dans la
cuve pour s'y déposer : pendant ce temps, pour faire une troisieme fonte,
on remet de la cire en morceaux dans la chaudiere qu'on vient de vuider, & ainsi alternativement jusqu'à la fin, en changeant de cuve à chaque
fonte.

Pour bien entendre cette succession d'opérations qui procure l'accélé-
ration du travail, chose toujours très-importante dans une grande Manufacture, il est bon de savoir qu'il faut trois heures de temps pour fondre
un millier de cire, & trois autres heures pour le laisser déposer, ce qui
fait que la premiere fonte qui a été commencée à minuit, se trouve en état
d'être tirée à six heures du matin ; & comme les Brouettiers arrivent au
travail à cinq heures, on commence par les occuper à nettoyer les cuves
qui ont servi la veille. Comme j'ai dit qu'à la fin de chaque fonte, on dé-
couvroit & que l'on descendoit la cuve, le peu de cire qui reste au fond,
& qui surnage, ainsi que les crasses qui se sont refroidies pendant la
nuit, forment un pain d'environ sept à huit lignes d'épaisseur, qu'on peut
retirer aisément de la cuve, & qu'on ratisse par dessous avec une spatule
de cuivre, pour ôter les crasses qui y sont attachées ; après quoi on retire
l'eau de la cuve avec des seaux, ainsi que les crasses qu'on appelle le
déchet ; on jette le tout dans des baquets percés de toutes parts de trous de
vrille, afin que l'eau s'écoule, & qu'il n'y reste que les déchets.

Lorsque la cire en rubans a été arrangée sur la toile, comme nous l'a-
vons dit, on releve les bords de la toile, & on les accroche aux clous des
piquets : la cire reste en cet état exposée à l'air plus ou moins de jours, suivant le temps qu'il fait, & selon la qualité de la cire.

M. Trudon pense que la cire ne tire sa blancheur que de l'action du soleil,
& non de la rosée, comme on le croit communément ; la preuve qu'il en
donne, est que dans les mois de Juin ou Juillet, saison où les rosées
sont moins fortes, les cires blanchissent mieux, & conservent leur beau
blanc pendant plus d'un an, au lieu que celles qui sont blanchies dans les
mois d'Avril & de Septembre, temps où les rosées sont plus abondantes,
ne prennent pas un si beau blanc ; & dans l'espace de trois ou quatre mois,
elles commencent à jaunir, & ne tarderoient pas à reprendre leur premiere couleur jaune.

Nous avons dit que la couleur jaune de la cire qu'on tire des ruches, dé-
pendoit probablement d'une huile grasse qui se trouve mêlée avec les parties

vraiment

vraiment cireufes. M. Trudon penfe, comme nous venons de le dire, qu'il n'y a que le foleil qui, en pompant une partie de cette huile, puiffe faire devenir la cire blanche. Ce qui, felon lui, rend ce fentiment encore plus probable, c'eft que le foleil ne pouvant agir avec affez de force fur la cire jaune, à caufe de la quantité d'huile dont elle eft chargée, elle ne perd que fa couleur naturelle par la premiere fonte ; au lieu que quand l'on remet fur la toile cette même cire pour la feconde fois, ce qui s'appelle *regréler*, cette cire fe trouvant débarraffée d'une partie de fon huile, le foleil agit deffus avec plus d'activité, & lui donne en peu de jours un degré de blancheur infiniment fupérieur à celui qu'elle avoit acquis à la premiere fonte. On peut ajouter que les cires ne blanchiffent point par les temps couverts & pluvieux. Néanmoins, comme il eft d'expérience que dans les Blanchifferies de toiles, il faut les arrofer pour les blanchir ; & comme les Chymiftes favent que l'eau eft un véhicule qui concourt avec la chaleur à emporter les fubftances huileufes ; nous nous abftiendrons, malgré les bonnes raifons dont M. Trudon appuie fon fentiment, de regarder la rofée comme inutile.

Les rubans étant reftés fur la toile pendant douze, quinze ou vingt jours ; & même plus long-temps, fuivant que le foleil a paru, & felon que la cire a plus ou moins de difpofition à blanchir, alors on les retourne ; & pour cet effet, on fe fert des grandes mains de bois, dont nous avons parlé, que l'on gliffe entre la toile & les rubans ; puis en levant ces mains, & en les retournant, on place en deffus les rubans qui étoient en deffous, de façon que le peu de couleur jaune qui n'avoit pû être frappé du foleil, fe trouve expofé à l'ardeur de fes rayons ; & ces parties blanchiffent comme le refte.

Quelques jours après que les cires ont été retournées, on les *régale*, c'eft-à-dire, qu'on les remue avec les mêmes petites fourches qui ont fervi à les étendre. On examine avec foin s'il ne refte pas quelques parcelles de rubans qui foient encore jaunes ; & fi l'on en trouve, on les met en deffus, afin que le foleil puiffe les blanchir. Après que les cires ont été régalées, on les laiffe encore trois ou quatre jours à l'air ; & comme il arrive que dans les plus grandes chaleurs, les rayons du foleil font tellement ardents que la cire s'échauffe & s'applattit (ce qu'on appelle *gazer* ou *éguayer*), il convient, dans ces circonftances, de régaler les cires plufieurs fois.

Il n'y a que les Ouvriers expérimentés qui puiffent connoître le temps convenable pour faire fur les toiles, les diverfes opérations que nous venons de décrire, parce qu'elles varient felon quantité de circonftances ; mais en général, il faut retourner & régaler plutôt ou plus tard, fuivant le degré de blanc que les cires acquierent.

Lorfque la cire a acquis le premier degré de blancheur, on la releve

CIRIER. H

de deſſus les toiles pour la porter dans le magaſin : pour cet effet l'on fait
uſage du rabot pour tirer la cire du milieu de la toile, & la rapprocher vers
les bords ; après quoi un Ouvrier la ramaſſe avec une petite main de bois,
& la met dans des ſacs que des femmes tiennent ouverts & tendus près de
la toile. Lorſque ces ſacs ſont remplis de cire, des hommes les tranſportent dans le magaſin où ils les vuident avec des pelles dont on mouille un
peu le bout ; ils mettent cette cire en gros tas, comme l'on amoncelle du
ſable. On laiſſe la cire en cet état pendant un mois ou ſix ſemaines, pour
lui donner le temps de fermenter : elle forme alors une maſſe aſſez ſolide
pour être obligé de ſe ſervir d'une pioche lorſqu'on veut la retirer. Il ne
ſeroit pas à propos de la mettre tout de ſuite à la ſeconde fonte, elle n'ac-
querroit pas un auſſi beau blanc.

De la ſeconde fonte de la Cire qui a perdu ſon jaune, & que l'on appelle Regrêlage.

Pour faire cette ſeconde fonte, on met dans la chaudiere la même quantité d'eau que dans la premiere fonte ; enſuite l'on allume le feu, & on jette
dans cette chaudiere trente ou quarante livres de cire blanche tirée de celle
qui étoit en maſſe dans le magaſin ; mais on ne la met pas tout à la fois. Lorſque l'eau eſt chaude, & que ſa chaleur commence à attendrir la cire, un
Ouvrier la braſſe continuellement avec la ſpatule de bois, pendant qu'un autre Ouvrier répand avec ſa main de la cire dans la chaudiere, de ſorte que
l'un eſt occupé à braſſer & l'autre à répandre la cire juſqu'à ce que la chaudiere ſoit pleine.

Voici exactement comment on met la cire dans la chaudiere. Un Ouvrier
porte ſur le bord de la chaudiere une corbeille remplie de la cire tirée du
magaſin : & pendant qu'un autre braſſe la cire qui fond, l'Ouvrier qui eſt à la
corbeille, jette peu à peu avec la main, & comme en ſaupoudrant, cette cire
grêlée ſur celle qui eſt en fonte, pendant que l'autre Ouvrier agite continuellement avec une ſpatule ou un palon, la cire & l'eau qui eſt dans la chaudiere ; & comme cette cire attendrie oppoſe une réſiſtance au palon,
l'Ouvrier l'enfonce dans la cire en le plongeant perpendiculairement ; &
en tirant à lui le manche qui s'appuie ſur le bord de la chaudiere, il oblige
la partie évaſée du palon à ſortir de la cire en imprimant à cette partie du palon
un mouvement circulaire. On continue ce travail juſqu'à ce que la chaudiere
ſoit pleine, & alors la cire à demi-fondue forme une eſpece de bouillie.
Quand elle eſt en cet état, on augmente un peu le feu pour donner plus
de liquidité ; & on ne diſcontinue point de braſſer juſqu'à ce que cette
cire ſoit entiérement fondue, & en état de paſſer dans la cuve.

En braſſant ainſi la cire, elle eſt moins ſujette à rouſſir, que ſi on la laiſſoit fondre ſans la remuer ; mais quelque choſe que l'on faſſe, il n'eſt pas

poſſible d'empêcher qu'en fondant la cire, elle ne prenne un peu de roux, qu'on appelle *coup de feu* : pour lui faire perdre ce petit œil roux, il faut chaque fois qu'elle eſt fondue, l'expoſer à l'air ſur les toiles.

Nous avons dit que l'on remuoit la cire juſqu'à ce qu'elle ait acquis un degré de chaleur & de fluidité ſuffiſant pour dépoſer ; & lorſqu'elle eſt en cet état, on ouvre le robinet de la chaudiere pour laiſſer couler la cire dans la cuve qu'on enveloppe de ſa couverture ; quand elle y a reſté une heure & demie ou deux heures, pour lui donner le temps de dépo-ſer, on recommence les mêmes opérations que l'on a faites à la premiere fonte en jaune, ſoit pour la mettre en ruban, ſoit pour la porter & l'ar-ranger ſur les toiles où elle reſte huit, douze ou quinze jours, ſuivant le temps qu'il fait, & ſelon la qualité de la cire.

On retourne & on régale le regrêlage comme on a fait au jaune ; & quand cette cire a acquis ſon blanc, on la releve de la même maniere de deſſus la toile pour la porter au magaſin, & en former un tas particulier.

De la troiſieme & derniere fonte pour éculer.

CETTE troiſieme fonte ſe fait comme celle du regrêlage, ſi ce n'eſt qu'il y a quelques Blanchiſſeurs qui ajoutent trois à quatre pintes de lait ſur un millier de cire ; mais ce lait occaſionne un dépôt ou déchet au fond de la cuve d'environ deux livres par cent de cire de plus que lorſqu'on n'en met pas ; il paroît que ce dépôt, quoique conſidérable, rend la cire plus purifiée. Cette troiſieme fonte eſt pour *éculer* ou mouler la cire en petits pains.

Pendant que cette troiſieme fonte dépoſe dans la cuve, on met dans les baignoires remplies d'eau, la quantité néceſſaire de planches à pains ou à mouler, pour tirer la fonte & la mettre en petits pains ; & l'on diſpoſe dans la fonderie les chaſſis, ou les pieds de table propre à recevoir ces plan-ches.

Lorſque la cire a dépoſé pendant une heure & demie ou deux heu-res, on arrange les planches à moule ſur les pieds de table, & à côté les unes des autres X (*Pl. III. fig.* 1 & 2) à meſure qu'on les retire toutes mouillées des baignoires ; & l'on place ſous la cannelle de la cuve, la plan-che qui porte le coffre aux pains ((*Pl. VIII*), dont les braiſieres ſont gar-nies de cendre chaude ; après quoi on débouche la cannelle, ou, en terme de l'Art, *on perce la fonte* : la cire fondue tombe dans le coffre en paſſant au travers des trous de la paſſoire.

Lorſqu'il y a une certaine quantité de cire dans le coffre, des femmes avec un éculon à la main, s'approchent, & en ouvrant le robinet du coffre, elles empliſſent de cire ces éculons ; enſuite revenant aux chaſſis ſur leſquels ſont les planches à pains, elles empliſſent à la fois, au moyen des deux becs de l'éculon, deux moules dont chacun forme un pain ; & elles continuent ainsi le même travail tant que la fonte coule. Pendant cette opération des hommes sont occupés à retirer les planches des baignoires & à les arranger sur les chassis.

Lorsque la cire qui a été versée dans les moules du premier chassis est congelée, un Ouvrier releve ces moules, & les met dans une baignoire.

Comme les planches ont trempé quelque temps dans l'eau, les pains se détachent d'eux-mêmes, & surnagent dans cette baignoire : un autre Ouvrier retire de cette baignoire les planches où il ne reste plus de pains, & les arrange les unes sur les autres au bout de la baignoire, d'où celui qui les avoit mises dans l'eau, les retire pour les arranger de nouveau sur le même chassis où elles avoient été posées d'abord.

Par cet arrangement, les femmes peuvent emplir continuellement les moules des planches ; un Ouvrier peut les mettre dans la baignoire ; un second les en retirer ; ensuite le premier a le temps de les reporter sur les chassis ; au moyen de quoi quatre femmes & deux hommes ne cessent d'être occupés pendant une heure, qui est précisément le temps nécessaire pour tirer & éculer une fonte d'un millier pesant de cire.

Pendant cette opération, un troisieme Ouvrier est occupé à enlever les pains qui surnagent dans la baignoire ; il se sert pour cela d'une espece de tamis, dont le fond est garni d'un filet fait avec de la ficelle (*Pl. VIII. fig.* 8) : il met ces pains dans une manne qui est sur une brouette ; & quand cette manne est remplie, il va la vuider sur les toiles qui sont disposées sur les quarrés. Lorsque la fonte est finie, les femmes vont arranger ces pains les uns à côté des autres. On les laisse ordinairement trois ou quatre jours exposés à l'air, & même quelques jours de plus, selon que le temps est serrein ou couvert.

Lorsque ces pains de cire ont resté un temps suffisant sur les toiles, & qu'ils sont bien secs, on les releve avec les mains de bois ; on les met dans des mannes chargées sur des brouettes ; puis on les conduit dans un magasin, où on les enferme dans de grandes armoires, ou dans des tonneaux garnis de papier, afin d'empêcher les ordures de s'attacher à la cire, & la garantir du contact de l'air qui la jaunit. Ce sont ces mêmes pains, que les Ciriers refondent pour les employer à différents ouvrages.

Toutes les opérations que nous avons détaillées jusqu'à présent, étant faites, la cire est parvenue à son degré de perfection, tant pour sa clarification, que pour sa blancheur.

Remarques sur plusieurs Articles des opérations ci-devant décrites.

Pour ne point interrompre le fil des procédés qu'exigent les différentes préparations de la cire, nous avons cru devoir faire un article particulier de quelques remarques qui y sont relatives.   1°, Nous

1°, Nous avons dit que dans la fonte de la cire, il fe précipitoit au fond de la cuve des craffes qu'on nomme *le déchet* : or comme il fe trouve de la cire mêlée avec ces craffes, nous devons parler des opérations qu'on fait fur les déchets. On les jette, comme nous l'avons dit, dans des baquets percés, pour laiffer écouler l'eau, & on les en retire, lorfqu'il y en a une certaine quantité; on les met dans une chaudiere, & on y ajoute environ dix à douze pintes d'eau par cent pefant; on allume le feu fous cette chaudiere. Lorfque la cire mêlée avec les déchets eft fondue, on retire le feu, & on laiffe dépofer le tout dans la même chaudiere pendant quatre ou cinq heures; après quoi l'on retire avec un pot la cire qui nage fur les corps étrangers, & on la met dans de grands poëlons de cuivre. Cette cire étant refroidie, forme des pains que l'on refond encore pour la mettre fur les toiles comme la cire jaune. On retire enfuite l'eau & les déchets reftés au fond de la chaudiere, & on les met dans un panier d'ofier pour les laiffer égoutter. Quand ils le font fuffifamment, on les met avec beaucoup d'eau dans un chaudron, fous lequel on allume le feu; & lorfque le tout eft bien chaud, on le met dans un fac ou dans une auge de bois, ou dans un feau de fer, fous la preffe, pour en faire fortir toute la cire; mais cette cire ne peut être employée que dans la compofition des flambeaux de poing. On dit qu'on en peut nourrir quelques animaux.

2°, Selon les procédés que nous avons ci-devant décrits, & qui font les mêmes que l'on pratique dans la Manufacture de M. Trudon, la cire ne fe clarifie que par la précipitation des corps étrangers. Mais il y a d'autres Manufactures, où pour clarifier les cires, on met dans la chaudiere lors de la feconde fonte, & avant de couler, ou de l'alun, ou du cryftal minéral, ou de la crême de tartre (ce dernier fel nous a paru le meilleur): quatre onces de crême de tartre fuffifent fur un quintal de matiere. Au refte, quoique je fois très-perfuadé que l'on peut faire de très-belle cire fans aucun mêlange, je penfe auffi que les fubftances falines, ou le lait, ne peuvent pas être regardées comme des fophiftications.

3°, La defcription que nous venons de faire de la façon de blanchir les cires, eft celle qui fe pratique dans les grandes Manufactures, telles qu'eft celle de M. Trudon, où le travail eft confidérable, & où les Entrepreneurs blanchiffent les cires fans aucun alliage, les travaillant comme elles fortent des ruches à miel, & n'employant que des cires de qualité fupérieure, & propres à devenir du plus beau blanc. Mais comme il s'en faut de beaucoup que ces premieres qualités de cires puiffent fuffire à la confommation qui s'en fait préfentement en France, il y a des Manufacturiers qui n'employent que des cires de qualité inférieure, c'eft-à-dire, des cires qui font difficiles à blanchir, telles que font celles qui proviennent des pays de Vignobles, lefquelles ne blanchiroient pas fi elles n'étoient

CIRIER. I

alliées avec du fuif, qui par fa blancheur fait difparoître le jaune. Les Entrepreneurs qui travaillent ces fortes de cires, les achetent à plus bas prix; ils y mêlent, en les travaillant, jufqu'à vingt-cinq & trente livres pefant de fuif, fur un quintal de cire. Comme il y a aux environs de Rouen quelques Manufactures où l'on ne travaille que des cires de cette efpece, on connoît à Paris ces cires communes & mêlangées fous le nom de *Cires de Rouen.*

J'ai lieu de croire que l'on met plus de foixante pefant de cet alliage, dans la cire que l'on deftine à faire des cierges; cela dépend de la qualité des cires jaunes que l'on y emploie. Ce n'eft pas cependant que dans plu-fieurs Manufactures où l'on fait ces alliages, on n'y blanchiffe auffi quelques cires pures.

On croira peut-être qu'il feroit de la bonne police d'interdire l'emploi de ces cires alliées, & qu'il feroit plus avantageux aux Manufacturiers qui ne travaillent qu'en cires pures, que ces alliages fuffent profcrits; mais nous penfons qu'il y auroit un grand inconvénient à faire une pareille défenfe, parce que les cires propres par leur nature à faire du beau blanc, 'ne fe trouvant pas en affez grande abondance, on ne pourroit fuffire à la confommation; & que ces cires devenant fort rares, leur prix monteroit néceffairement très-haut; au lieu qu'en tolérant les cires alliées de fuif, il en réfulte deux avantages pour le public : premié-rement, on trouve des bougies à toutes fortes de prix; fecondement; quoique diverfes provinces du royaume produifent beaucoup de cires qui ne font point fufceptibles de prendre un beau blanc fans alliage, cepen-dant elles fourniffent à la confommation, & font vivre un grand nombre de Cultivateurs qui ne trouveroient plus à vendre leurs cires, & qui abandonneroient le foin des ruches; ces Fabriques font encore fubfifter quantité d'Ouvriers qui font employés à les blanchir.

Le travail dans ces Manufactures, quant aux trois fontes de la cire, eft le même que celui des autres où l'on ne fait que de belle cire; mais celui de la baignoire & des toiles eft différent.

Comme les cires chargées de fuif n'ont point de corps, & qu'elles ne peuvent former des rubans dans la baignoire, en fe détachant de deffus le cylindre, elles furnagent & reffemblent à du gros fon que l'on jetteroit fur l'eau; & cela empêche que l'on puiffe les retirer avec la fourche, dont les branches font unies : il faut donc, pour cette opération, fe fervir d'une pelle de bois percée de plufieurs trous, ou d'une fourche dont les branches font garnies d'ofier; & quelquefois même l'on eft obligé de fe fervir d'un tamis.

Lorfque ces cires font fur les toiles, comme elles fondent aifément à caufe de l'alliage, on eft obligé de les arrofer fouvent pour les rafraîchir;

& pour empêcher qu'elles ne fe gâzent & qu'elle ne *s'éguayent*, on les retourne & on les régale à la fraîcheur du matin , avant que la rofée foit diffipée ; au lieu qu'on manie les belles cires pendant le jour , pour que les rubans ne fe rompent point.

Les ouvrages fabriqués de cires alliées ne peuvent être d'un bon ufage ; car quoiqu'on les achete à meilleur marché que les bougies faites de bonne cire , elles ne font pas le même profit, parce qu'elles fe confument plus promptement : on les diftingue aifément en ce que la cire eft d'un blanc mat , & n'eft jamais fi claire ni fi tranfparente que les belles bougies.

Il n'y a que quelques célebres Blanchifferies où l'on travaille la cire fans aucun alliage ; mais dans la plûpart des petites Fabriques , on mêle avec la cire jaune, quand on en fait la premiere fonte, une petite quantité de graiffe. On varie la quantité de cet alliage , fuivant la qualité des cires , & même felon le degré de cupidité du Fabriquant. Les cires fort feches qui ont été tenues trop long-temps fur le feu par les Payfans, peuvent admettre plus de graiffe que celles qui font plus onctueufes ; mais , comme nous l'avons dit , on met beaucoup de graiffe dans les cires communes qui font incapables de pouvoir jamais acquérir un blanc parfait, comme font , par exemple , plufieurs efpeces de cire venant du Nord , & prefque toutes celles qu'on tire des pays de grands Vignobles ; & quoique les graiffes qui acquierent aifément un beau blanc , rectifient en quelque façon le défaut naturel de ces cires, il n'en réfulte néanmoins que des cires d'une qualité très-commune ; mais il en faut de telles pour ceux qui tirent au bon marché.

A l'égard de la cupidité des Marchands , elle n'a point de bornes. Les uns ne mêlent avec leur cire que deux livres de graiffe par quintal , d'autres trois , d'autres cinq , & d'autres , comme nous l'avons dit , y incorporent une fi grande quantité de graiffe, que la fraude s'apperçoit à l'odeur , au toucher, à la tranfparence & à la promptitude avec laquelle les bougies fe confument, outre qu'elles ne répandent pas une lumiere vive & claire. Il eft rare que la fraude foit portée auffi loin dans les Blanchifferies ; mais il y a des Ciriers qui , non contents d'avoir acheté des cires à bon compte , forcent encore l'alliage pour augmenter leur gain.

Dans certaines Blanchifferies, on a l'attention de choifir, pour mêler avec la cire, les graiffes les plus fermes , telles que font celles qui fe trouvent autour des rognons de mouton ou de bouc ; d'autres emploient indifféremment tout fuif de mouton ; & d'autres font encore moins fcrupuleux fur le choix des graiffes.

Quoi qu'il en foit, ces alliages alterent beaucoup les cires ; & c'eft pour cette raifon que les cires d'Antony, celles du Mans , d'Orléans, de Limoges, &c, ont la préférence fur la plûpart de celles qu'on tire des autres Blanchifferies. C'eſt auſſi à cauſe de l'alliage, que l'on fait peu de cas des cires blanches de pluſieurs Manufactures de Rouen, & des cires jaunes de Barbarie ; car ces cires jaunes qui ſont bonnes de leur nature, ſont ſouvent alliées avec des graiſſes ou du beurre.

4°, Nous avons dit qu'il étoit d'une très-grande conſéquence d'établir les Manufactures dans les endroits les moins expoſés aux vents, parce qu'un ſeul coup de vent peut enlever une partie des cires expoſées ſur les toiles. En effet, il arrive trop ſouvent pour les Blanchiſſeurs, que quand le vent eſt violent, il paſſe ſous les toiles, les déchire & en enleve les cires quelquefois à plus de 60 pieds de haut : alors les rubans ſont répandus dans les campagnes ; on en a même vu qui avoient été portés à une de-mi-lieue de la Manufacture.

Pour prévenir ces accidents autant qu'il eſt poſſible, il convient, lorſ-que le vent eſt violent, que l'Entrepreneur d'une Manufacture ait ſoin de viſiter les toiles, & qu'il raſſemble tous ſes Ouvriers pour vérifier ſi les bords des toiles ſont tous bien accrochés, & veiller à ce que le vent n'en-leve point les cires. Lorſqu'il ſurvient de la pluie, il n'y a plus rien à crain-dre, parce que les toiles s'imbibent, & la cire ſe charge d'eau ; mais ſi au contraire le vent augmente ſans pluie, comme cela arrive ordinairement avant les orages, alors il faut promptement doubler les toiles ; ce qui s'exécute en ôtant d'un ſeul côté d'un quarré la corde de la toile qui eſt paſſée derriere les chevilles ; puis après avoir décroché du même côté le bord attaché aux piquets, en prenant les deux bouts & le milieu de cette toile, on la pouſſe avec la cire de l'autre côté du quarré ; puis l'on paſſe la corde décrochée derriere les piquets, de façon que la cire ſe trouve portée d'un ſeul côté du quarré, & enfermée entre deux toiles ; mais ſi le vent étoit aſſez conſidérable pour déranger la toile, il faudroit alors l'attacher avec des cordes à la platte-bande du quarré *D*, (*Pl. IV. fig.* 2). Cette opération de doubler les toiles empêche le vent d'emporter la cire ; mais il occaſionne des frais à l'Entrepreneur : car ſi les cires qui ſont deſ-ſus, y ont été miſes en jaune, il faut les refondre, parce que cette cire étant plus tendre que celles du regrêlage, elle ſe met par pelottes ; & le ſoleil ne pouvant les pénétrer, elles ne peuvent plus blanchir.

Lorſque le vent a ceſſé, & que le temps eſt remis au beau, on décou-vre les cires, & on étend les toiles ; ſi c'eſt de la cire jaune qui ſe ſoit pelottée, on la releve pour la fondre ; ſi au contraire c'eſt du regrêlage, on jette la cire de l'autre côté de la toile, en ſe ſervant pour cela d'une pelle ; puis avec les fauchets, on la répand ſur toute l'étendue de la toile. On conçoit maintenant qu'il eſt avantageux que les toiles ſoient abritées des vents du ſud & de l'oueſt, par quelque bâtiment élevé ou par des ar-bres.

5°, Comme

5°, Comme les toiles pourriſſent aſſez promptement ; pour éviter cette dé-
penſe qui eſt conſidérable , feu M. Prouteau qui avoit une belle Blanchiſſerie en Gâtinois , eſſaya d'y ſubſtituer des tables de pierre de taille ; mais
ces pierres qui s'échauffoient beaucoup , faiſoient éguayer la cire , c'eſt-à-
dire , que les rubans ſe raſſembloient par mottes : il a donc été obligé de
revenir aux toiles.

Néanmoins en Provence, & ſur-tout à Marſeille , on ne blanchit pas la
cire ſur des toiles, mais ſur des banquettes de briques qui ont la même
forme que les quarrés de charpente. Comme la chaleur échauffe conſidérablement ces briques, & qu'elle feroit fondre la cire ; pour éviter cet
inconvénient, on l'arroſe ſouvent ; & pour qu'elle ne ſoit pas ſubmergée,
mais ſeulement rafraîchie, ces banquettes ſont en pente douce, & trouées
par un bout pour donner de l'écoulement à l'eau. Quelques-uns même
établiſſent un petit filet d'eau qui, en entrant continuellement par un des
bouts de la banquette, & ſortant par l'autre , forme une nappe fort mince
qui rafraîchit continuellement les cires : pour mettre ce travail à l'abri des
coups de vent, on couvre les cires avec des filets.

6°, On n'eſt point, en Provence, dans l'uſage de mettre les cires en pains,
mais bien en petites dragées ou petits grains. Cette opération ſe fait en
plaçant les trous du grêloir devant la partie du cylindre qui plonge dans
l'eau : on tourne ce cylindre avec vivacité pour agiter l'eau , & former
de petits bouillons : les filets de cire qui ont paſſé par les trous du grêloir,
tombant ſur ces petits bouillons , ſe congelent en forme de petits grains ,
ce qui les fait nommer *Cires grenées.*

7°, En Italie, on ne fond la cire que deux fois, parce qu'on ne la
moule point, & qu'on la vend comme on la retire des toiles pour la derniere fois. Cette méthode a quelque avantage : car la cire perd quelque
choſe de ſa beauté chaque fois qu'on la refond ; & les cires qui ne ſont
pas parfaitement blanches, ont un œil ſéduiſant, quand elles ſont en petites parcelles. Mais ces cires ainſi préparées, occupent beaucoup plus de
place que quand elles ſont en pains ; & elles ſont expoſées auſſi à recevoir plus de pouſſiere & d'ordure.

8°, Il y a de l'art à bien mouler la cire. Il faut, quand on la verſe dans
les moules, qu'elle ne ſoit ni trop chaude ni trop froide, afin que le deſſus
des pains ſoit bien uni, point ridé ni gerſé. A la vérité tout cela n'influe
point ſur la qualité de la cire, mais beaucoup ſur l'achat.

9°, Quand on chauffe un peu trop la cire dans la chaudiere avant de
la couler, elle prend un œil roux qu'on a quelquefois peine à faire paſſer
en l'étendant ſur les toiles. Quelques Blanchiſſeurs prétendent même qu'elle
eſt expoſée à y rouſſir, ſi le ſoleil eſt trop ardent. Néanmoins il faut que
la cire ſoit très-liquide quand on la coule dans la cuve, afin qu'elle puiſſe

CIRIER. K

y reſter long-temps en état de fuſion, & y dépoſer tout ſon déchet. C'eſt pour laiſſer long-temps dépoſer la cire, & pouvoir la jetter en moule aſſez chaude, que M. Trudon la fait paſſer de la cuve dans un coffre échauffé par des cendres chaudes, afin qu'elle conſerve la liquidité qu'elle auroit perdue; & il y a des Blanchiſſeurs qui, pour cette raiſon, emploient des éculons montés ſur une braiſiere, dans leſquels ils mettent de la cendre chaude ou un bain-marie. Mais comme cet inſtrument eſt peſant & embarraſſant, la plupart des Blanchiſſeurs rempliſſent leurs éculons de la cire qui coule im-médiatement de la cuve; & pour donner à cette cire un temps ſuffiſant pour qu'elle ſe repoſe, comme ils ſont obligés de la tirer un peu chaude, ils mettent deux cannelles à leur cuve, une en bas à l'ordinaire, & une autre vers le milieu; ils commencent par tirer toute la cire qui peut couler par la cannelle ſupérieure; & pendant ce temps, celle qui eſt plus bas conti-nue à précipiter; enſuite ils ouvrent la cannelle d'en bas; & quand elle ne coule plus, ils inclinent la cuve en avant pour retirer toute celle qui nàge ſur l'eau. C'eſt pour incliner aiſément cette cuve qu'on la fait poſer ſur un plateau arrondi en deſſus, & qu'on calle la cuve par derriere avec un gros coin de bois: ſi les derniers pains qui en proviennent ſe trouvent ſales, on les rejette dans les ſecondes fontes.

10°, Il y a des Blanchiſſeries où l'on établit ſur la chaudiere un moulinet pour agiter la cire pendant tout le temps que dure la fonte; mais il paroît que l'opération de la ſpatule eſt préférable: on agite plus ou moins la cire ſuivant que le feu eſt plus ou moins vif; & de plus, on agite cette cire juſqu'au fond de la chaudiere; ce qui eſt bien important.

11°, Dans les petites Fabriques, on ſe contente de faire étamer les chau-dieres comme le ſont toutes les batteries de cuiſines; mais comme cet éta-mage n'eſt pas de longue durée, on fait, dans les grandes Fabriques, dou-bler les chaudieres avec des plaques d'étain taillées en coquilles; car comme la cire produit aiſément du verd-de-gris, il eſt néceſſaire que tous les vaiſ-ſeaux qui ſont employés à ces travaux, ſoient bien étamés.

12°, Dans les Blanchiſſeries où l'on peut jouir d'une ſource, on fait con-tinuellement couler de l'eau fraîche pendant qu'on coule la cire pour ru-banner; & un autre robinet décharge une pareille quantité d'eau échauffée; mais quand on eſt obligé d'élever l'eau avec une pompe, on la ménage davantage; & dans ce cas, les uns ſe contentent de verſer de temps en temps quelques ſeaux d'eau dans la baignoire du côté du tour; d'autres établiſſent une tonne remplie d'eau à la hauteur de la cuve, & ils conduiſent un tuyau LT (*Pl. I.*) parallele au tour fermé au bout T, & percé de quan-tité de petits trous dans toute ſa longueur du côté du tour, de ſorte qu'en ouvrant le robinet L, il part de ce tuyau un nombre de jets qui arroſent d'eau fraîche le tour, & qui empêchent que la cire ne s'y attache, comme elle fait quand l'eau de la baignoire s'échauffe trop. Si l'on n'avoit pas attention de bien mouiller le tour avant de couler la cire, les rubans y resteroient attachés; mais quand cela arrive, il faut les détacher avec la main, jetter de l'eau sur le tour, & même le frotter avec la main.

13°, Il y a des Blanchisseurs qui prétendent que les rubans ne peuvent pas être trop minces, afin que la cire présente plus de surface au soleil; d'autres au contraire disent que quand les rubans sont trop minces, le soleil les attendrit, qu'ils s'affaissent & se mottent; au lieu que quand ils sont plus épais, ils se soutiennent mieux. Quant à nous, nous croyons qu'il faut grêler ou rubanner plus épais les cires alliées que celles qui sont bien pures; & que pour former ces rubans plus épais ou plus minces, il suffit de faire tourner le cylindre ou tour plus ou moins vîte; car plus il tourne vîte, plus les rubans deviennent minces.

14°, Les Blanchisseurs ne conviennent pas non plus sur le temps où il faut retirer les cires de dessus les toiles après la première fonte: les uns veulent qu'elles ayent pris le plus de blanc qu'il est possible dans l'espace de 15 ou 20 jours; & d'autres soutiennent qu'il est mieux de les retirer avant ce terme, aussi-tôt qu'elles ont perdu leur jaune. Ils assurent même qu'après la seconde fonte, il faut que les cires ayent acquis un petit œil verdâtre, & qu'alors elles sont moins sujettes à jaunir. Il est certain qu'on ne peut pas faire prendre à la cire tout son blanc en une seule fonte. Il faut nécessairement la rubanner deux fois, pour que cette cire qui, à la première fonte étoit renfermée dans l'intérieur des rubans, se trouve à l'extérieur à la seconde fonte; mais nous pensons qu'il ne peut être que bien avantageux de lui faire perdre le plus de jaune qu'il est possible dès sa première fonte.

15°, Nous avons dit que les mouches sont si friandes de miel, qu'elles le dérobent par-tout où elles en trouvent, au risque de périr en se noyant dedans. Il n'en est pas de même de la cire: elles n'en font aucun cas. Nous avons placé plusieurs fois des rayons auprès des ruches remplies d'abeilles; elles en ont enlevé tout le miel, mais elles n'ont jamais touché à la cire.

16°, On creuse les moules dans les planches avec une espèce de trépan qui ressemble assez au perçoir dont les Tonneliers se servent lorsqu'ils veulent mettre une cannelle à une futaille.

17°, Je ne doute pas que quelques Epiciers ne sophistiquent la cire jaune qu'ils vendent aux Frotteurs. J'ai cru le reconnoître à la couleur, à l'odeur & au toucher; & il m'a paru qu'ils y avoient introduit des graisses & des résines.

18°, La cire qui a été employée à différents ouvrages peut être refondue & employée de nouveau par les Ciriers: les bougies d'appartement, les cierges, les flambeaux, &c, qui n'ont été brûlés qu'en partie, sont mis en fonte pour servir à en faire d'autres. Mais pour tirer tout le parti possible de ces cires refondues, il faut prendre certaines précautions dont nous allons parler.

D'abord il faut bien examiner la nature de ces cires & leur qualité, pour les ranger par lots, & ne point confondre les bonnes avec les mauvaises ; par exemple, il ne faut point confondre les bougies qui viennent des bonnes Fabriques, avec celles qui sont alliées de graisse. La cire des cierges est ordinairement moins bonne que celle des bougies d'appartement. Les bougies de veille sont communément faites avec la meilleure cire ; & la cire des flambeaux est ordinairement la plus mauvaise de toutes. Quand ce triage est fait avec soin, on commence, à l'égard des cires de bonne qualité, par les rompre pour en retirer les meches : on donne une fonte à cette cire, & on la rubanne ; on la met ensuite sur les toiles comme la cire regrêlée ; enfin on en forme des pains que l'on peut employer pour les premieres couches des cierges & des bougies. On emploie à ce même usage les bougies refondues, quand la cire est d'ailleurs de bonne qualité ; car elle perd sur les toiles le peu de roux que lui occasionne la fonte.

On traite de même les cires alliées ; mais on ne les emploie qu'à des ouvrages plus communs.

Quelquefois on retire une légere couche de la cire qui est à la superficie des flambeaux ; mais on en laisse la plus grande partie avec la résine des meches : on la fond sans la grêler ni la mettre sur les toiles, parce qu'elle ne peut servir que dans la composition des flambeaux.

Nous avons dit qu'on mettoit à part les meches ; ce seroit dommage de perdre la cire qui y reste encore attachée, quoiqu'elle ne puisse être employée que dans la Fabrique des flambeaux, parce qu'elle est toujours très-rousse. On met toutes ces meches dans un chaudron sur le feu avec de l'eau ; & quand la cire est fondue, on verse le tout dans un sac de forte toile, à travers laquelle une partie de cette cire passe ; les meches sont mises ensuite dans le seau d'une presse, pour en retirer, par une forte expression, soit la cire des cierges & des bougies, soit la partie résineuse qui se trouve dans les meches des flambeaux. Ces meches ainsi exprimées, restent très-seches, & ne peuvent plus servir qu'à allumer le feu. A l'égard de la cire & de la substance résineuse qui se figent sur l'eau, on les emploie à imbiber les cordons des flambeaux, comme nous le dirons dans le Chapitre suivant.

19°. Je suis persuadé qu'il faut de la cire très-pure pour faire de belles bougies ; néanmoins quelques Ciriers m'ont soutenu, que pour avoir une cire bien blanche, il falloit y mêler cinq pour cent de suif de mouton pris auprès des rognons, fondu & battu avec du vinaigre : je soupçonne que l'on ne pratique cela que pour rectifier la cire qui n'est pas naturellement susceptible de prendre un beau blanc.

CHAPITRE

CHAPITRE III.

Des différents usages auxquels on a coutume d'employer la Cire.

On emploie la cire à faire des bougies, des chandelles, des cierges, des torches, des flambeaux, & c'est en cela que consiste principalement le travail des Ciriers & *Ciergiers* que nous allons décrire. Nous dirons aussi quelque chose des différentes préparations de cire qui entrent dans l'usage de quelques autres Arts.

§. I. *Des Meches.*

Les meches sont faites de fil de coton, de fil de Cologne, ou de fil de Guibray; celles des flambeaux sont faites d'étouppes (¹). On choisit le coton d'autant plus beau & filé plus fin, que les bougies doivent être plus parfaites; en sorte que pour les petites bougies de veille, & celles qu'on fait pour les lampes, on compose leurs meches de quatre ou six brins de coton, quoiqu'elles ne soient pas plus grosses qu'une fine chanterelle de violon. On tire ces cotons fins de la Chine ou des Indes.

Il faut que le coton soit bien net, fort blanc, peu tors & filé d'une égale grosseur; sans cette derniere condition, il se trouveroit des meches plus grosses les unes que les autres, ou qui seroient d'inégale grosseur dans leur longueur. Si l'on exige que le coton soit bien net & fort blanc, c'est parce que les moindres ordures font couler & fumer les lumieres.

Les Ciriers achetent ordinairement le coton en écheveau; & ils le font dévider & doubler par des femmes, sans le mouliner: quelques-uns le font filer eux-mêmes. A l'égard des différentes manieres de devider les écheveaux, ce point est trop peu important pour nous croire obligés de nous y arrêter.

Quand on veut faire des meches, on met dans un crible (²) foncé de vélin, percé de plusieurs trous *F* (*fig.* 1), un nombre de pelotons proportionné à la quantité de fils qu'on veut employer dans les meches; c'est-à-dire, que si une meche doit être formée de 32 brins, on met 8 pelotons dans le crible, parce que dans ces pelotons les fils sont assemblés deux à deux, & qu'on double ensuite le coton pour faire les meches des bougies d'appartements & les cierges. Les meches des bougies filées n'étant point doublées, il faut mettre un nombre de pelottes égal à la moitié du nombre

---

(¹) Nous avons dit dans l'Art du Chandelier que les substances animales, telles que la soie, le crin, les cheveux, la laine, ne sont point propres à faire des meches.

(²) On se sert d'un crible plutôt que d'une corbeille, afin que les ordures qui se détachent du coton passent par les trous; & encore parce que la peau du vélin étant fort unie, elle n'égratigne point le coton.

des fils qu'on veut employer pour la meche. Pour assembler plus promptement ces brins, & couper toutes les meches à une même longueur, on
se sert d'un *Coupoir* ou *Taille-meche.*

§. I I. *Description du* Coupoir *ou* Taille-meche.

CET instrument consiste en une table assez forte (*Pl. V & VI. fig.* 1)
formée de deux pieces de bois, qui laissent entr'elles une ouverture en forme
de rainure dans laquelle entre le fort tenon d'un plateau de bois, qui peut
couler dans toute l'étendue de la rainure, ainsi que la poupée d'un tour, &
qu'on fixe où l'on veut, au moyen d'une vis placée au-dessous de cette table.

Comme la longueur de la meche des bougies de table ne varie pas
autant que celle des cierges, le taille-meche n'est pas si long, & il y a
seulement à un des bouts une piece mobile qui entre à rainure dans la
membrure qui forme le dessus de la table : on fixe cette piece mobile
au point que l'on veut, au moyen d'une vis qui est sur le côté de cette
table. On a de ces tailles-meches assez petits pour pouvoir être posés sur
les genoux, ou sur une table placée devant les Ouvrieres qui travaillent assises.
Sur l'extrémité de la table ou de la pierre mobile, s'éleve une tige de fer *D*;
& sur l'autre partie est une lame de couteau *E* placée verticalement.
C'est la distance qui se trouve entre la tige fixe *D* & la lame mobile *E*, qui
établit la longueur des meches; ainsi quand on se propose de faire des meches de 1, 2, 4 ou six pieds de longueur, on établit cette distance entre
la broche fixe & la lame mobile, que l'on arrête en cet endroit au moyen
des vis dont j'ai parlé.

Il y a des tailles-meches de différentes formes : celui dont on se sert pour
les bougies à la Manufacture Royale d'Antony, est une table de bois quarrée soutenue par quatre pieds, sur les bords de laquelle est incrustée une
bande de fer plat, percée de trous éloignés les uns des autres de pouce en
pouce; aux quatre angles de cette table sont attachées par des vis quatre
lames tranchantes, & l'on met quatre broches dans différents trous, suivant
la longueur qu'on veut donner aux meches. Quatre femmes peuvent travailler à la fois autour de cette table.

Dans le même attelier d'Antony, le taille-meche pour les cierges, (*Pl.*
VIII. fig. 9) est une planche de six pouces de largeur sur 10 à 12 pieds de
long; dans cette planche est incrustée une bande de fer plat, garnie dans
toute sa longueur de trous taraudés en écrou, éloignés les uns des autres d'un
demi-pouce, pour recevoir une broche qu'on peut éloigner ou rapprocher
de la lame, suivant qu'on peut faire les meches plus ou moins longues :
cette broche est terminée par une vis qui entre dans les écrous de la regle.

Quand l'instrument que je viens de décrire, ne se trouve pas assez long
pour tailler des meches de très-grands cierges, un piton en forme de clou

à crochet attaché à la muraille, fait en ce cas l'office de la broche verticale : on en éloigne la lame du coupoir, à la diftance qu'exige la longueur qu'on doit donner aux meches, & l'on affujettit le coupoir au lieu
fixé avec quelque poids dont on le charge : on a, par ce moyen, un coupoir
auffi long qu'on le veut.

Cet inftrument (*Pl. V. fig.* 1.) qu'on nomme indifféremment *taille-
meche* ou *coupoir*, étant ajufté comme nous venons de l'expliquer, une
Ouvriere prend dans le crible où font les pelotons, un nombre de fils
doublés égal à la moitié de ce qu'il en faut pour former la groffeur de
la meche ; elle tient de la main gauche le bout de ce faifceau auprès du
couteau, & paffant de la même main le faifceau qu'elle foutient de fa main
droite, derriere la broche fixe, elle le ramene à la lame fur laquelle elle
l'appuye pour (¹) le couper : elle doit examiner foigneufement toute la
longueur des meches, pour en ôter tous les petits nœuds, les reprifes & les
ordures qui pourroient y être reftées attachées ; puis mettant fur le champ
les deux faifceaux réunis entre le plat de fes deux mains, elle les tortille
l'un fur l'autre, en faifant couler fes deux mains en fens contraire ; enfuite
elle jette la meche au côté de la table oppofé à celui où elle eft placée :
en répétant cette même manœuvre, elle remplit de meches la broche fixe *D*.

On apperçoit maintenant que toutes les meches doivent être d'une même
groffeur, fi le coton eft filé également, parce qu'elles font formées d'un
égal nombre de fils, & qu'elles font toutes d'une même longueur, puifque
la diftance du couteau à la broche ne varie point.

Quand la broche eft entiérement remplie de meches, on les paffe dans
des baguettes de bois fort unies, pour qu'elles ne rompent point les fils,
& on les accroche dans des armoires qui puiffent les garantir de la
pouffiere.

Je remarquerai, en paffant, que la plupart des Ciriers mettent dans les
meches des bougies quelques brins de fil de Cologne, pour donner, à ce
qu'ils difent, du foutien & de la force à la meche, & pour qu'elle ne fe
courbe pas trop en brûlant ; mais je crois qu'il feroit mieux de faire ces
meches de pur coton : car le fil de lin ne fe confumant pas auffi vîte que le
coton, occafionne en partie que la meche fe recourbe trop, & c'eft ce qui
fait qu'on eft obligé de la redreffer ou de la moucher auffi fouvent que les
chandelles. Quoi qu'il en foit, dans une bougie des huit où il y a environ
trente-deux brins, tant fil que coton, quelques Ciriers mettent un quart
de fil de Cologne, & le refte en coton ; & pour une bougie des cinq,
ils y font entrer quelquefois quarante-quatre fils de coton ; ainfi l'on voit

(¹) Les Chandeliers ont le tranchant de la | la pouffant. Au refte comme les mêmes coupoirs
lame oppofé à eux, & ils coupent en tirant fur | des Chandeliers peuvent fervir aux Ciriers, on
eux, au lieu que le tranchant du couteau des | peut confulter les planches de l'Art du Chan-
Ciriers eft pofé de leur côté, & qu'ils coupent, | delier, pour en voir de différentes formes.
foit en écartant la meche de leur corps, foit en |

que la pratique des Ciriers varie beaucoup fur ce point. J'ai fait faire avec de la même cire des bougies, dont les unes avoient leurs meches faites avec du plus beau fil de Cologne, les autres avec du très-beau coton, & d'autres moitié fil de Cologne & moitié coton. Les meches de pur fil ne pompoient pas affez la cire ; elles faifoient un champignon ; elles n'éclairoient pas bien ; & le baffin de la bougie étoit toujours rempli de cire fondue, ce qui les faifoit couler.

Les bougies de pur coton répandoient une belle lumiere ; le baffin de la bougie étoit prefque vuide de cire fondue, & je n'ai point été obligé de les moucher ; mais elles fe font confumées plus promptement que celle de pur fil : auffi la meche étoit-elle un peu plus groffe. Les bougies, moitié fil & moitié coton, fe font affez bien foutenues ; mais j'ai été obligé de les moucher de temps en temps. Je crois que le mieux feroit de faire les meches avec du pur coton : c'eft la pratique de M. Trudon.

§. III. *De la groffeur des Meches.*

La groffeur des meches, proportionnellement à celle des bougies, eft un article très-important, & néanmoins fort difficile à établir. D'abord, on ne peut pas fixer le nombre des fils de coton pour chaque forte de bougie ; 1°, parce que les fix à la livre qu'on tient courtes, doivent avoir des meches plus groffes que les bougies de même poids qu'on tiendroit longues ; 2°, la groffeur des fils varie trop pour qu'on puiffe rien fixer de certain. Il n'y a donc que des épreuves faites exprès qui puiffent guider là-deffus les Ciriers. Pour cette expérience, on fait faire des meches pour une groffeur quelconque de bougie, avec un nombre de fils connus ; fi, en brûlant, il refte de la cire fondue dans le baffin de la bougie, on juge que la meche eft trop menue, & alors on augmente le nombre des fils de la meche ; fi la bougie fe confume trop vîte, fi la meche refte longue, fi elle forme un champignon, enfin s'il ne fe forme point de baffin à cette bougie, on conclud que la meche eft trop groffe, & on en retranche quelque fils. C'eft ainfi qu'en employant de beau coton, & en faifant des épreuves, on peut parvenir à avoir des meches fans défaut, & qui n'exigent point d'être mouchées. M. Trudon apporte une attention toute particuliere aux meches de bougies de fa Fabrique : il facrifie une grande quantité de bougies pour faire fes épreuves : il choifit le plus beau coton ; & les Ouvrieres qui taillent les meches ne font point à leur tâche, afin qu'elles ayent plus d'attention à éplucher le coton.

Je ne dois point négliger de faire remarquer qu'il faut tenir les meches d'autant plus groffes que les cires font moins parfaites ; car la cire jaune, les cires blanches alliées de fuif, & le fuif pur fondant à une moindre chaleur que la belle cire blanche, il faut de groffes meches pour confumer

le

le suif fondu , sans quoi il couleroit beaucoup : ainsi on peut poser comme un principe général , qu'il faut faire les meches d'autant plus grosses , que la substance dont sont faites les chandelles ou bougies , est plus aisée à fondre.

Comme les bougies filées exigent des meches fort longues , on réunit le nombre de fils de coton ou de Cologne qu'on juge nécessaire ; & en les faisant couler entre les doigts de la main gauche , (*Pl. VII, fig.* 2) , on les devide sur une bobine qu'on fait tourner de la main droite : de cette façon on a des meches dont les fils sont exactement assemblés , & de telle longueur que l'on veut. Les bougies dites *de Saint Côme* , celles pour les lampes , & les autres petites bougies à lanternes , ont des meches de pur coton : toutes les autres bougies filées & communes ont des meches de fil de Guibray , ou de fil de Cologne , si on les veut plus parfaites.

Il est bon , avant d'employer les meches , de les mettre dans une étuve ; pour que le coton soit bien sec ; elles en prennent mieux la cire , & l'on évite par cette attention , que les bougies ne pétillent en brûlant. Je conviens que beaucoup de Ciriers méprisent cette attention ; mais on ne la néglige pas dans la Fabrique de M. Trudon. L'étuve dont il se sert est un coffre de bois de chêne , exactement assemblé & doublé de tôle (*Pl. VIII, fig.* 4) ; on met les meches passées dans des baguettes très-près-à-près dans le haut de cette étuve , & au-dessous est une braisiere remplie de cendres chaudes.

§. IV. *Meches pour les Flambeaux.*

Les Ciriers ne se donnent pas la peine de faire les meches des flambeaux ; comme elles sont d'étoupes de chanvre ou de lin, ils les achetent des Cordiers toutes faites. Voici comment elles se fabriquent : les Cordiers font des fils d'étoupe qu'ils tordent peu ; ils coupent ces fils par bouts de six pieds de longueur pour les grands flambeaux ; ils plient chacun de ces fils en deux , & la meche se trouve formée de huit brins , qu'ils tordent légérement les uns sur les autres (*Pl. VI, fig.* 18). Quand ces fils sont un peu gros , huit fils font un faisceau de dix à douze lignes de circonférence , un peu plus ou un peu moins , suivant la grosseur qu'on veut donner aux flambeaux. Comme ces fils sont pliés en deux , les bouts de chacun de ces fils se rencontrent à une des extrémités de la meche , & les anses à l'autre.

On prend sept à huit fils blancs d'étoupe de lin de Guibray , dont on fait un petit écheveau que l'on passe dans les anses des fils de la meche ; en doublant ce petit écheveau , l'extrémité de chaque meche se trouve réunie & terminée par une anse de seize fils blancs d'environ trois pouces de longueur ; c'est ce qu'on appelle le *Collet du flambeau ;* ils les lient par paquets (*Pl. VI, fig.* 19) ; mais tout cela est du district du Cordier ; car les Ciriers se donnent rarement la peine de faire de ces fortes de meches.

Nous rapporterons encore plufieurs particularités fur les meches en parlant des différents ouvrages du Cirier.

§. V. *Maniere de faire les Cierges à la cuiller.*

Cette opération confifte en général à verfer avec une grande cuiller de la cire fondue, fur les meches qui font alors fufpendues verticalement. Pour exécuter cette opération que je ne préfente ici qu'en gros, il faut établir un inftrument qu'on nomme *Romaine.*

§. VI. *Defcription de la Romaine aux Cierges.*

Pour fe former une idée de cet inftrument que l'on voit gravé (*Pl. V, fig.* 2), il faut s'imaginer un cerceau de fer ou de bois C, qui a ordinairement trois pieds de diametre, & qui eft traverfé en dedans par une croifée qui forme quatre ou fix rayons, qui partant du cerceau vont aboutir à une douille, au moyen de laquelle cette croifée eft percée au centre d'une ouverture d'environ trois pouces de diametre, qui eft deftinée à recevoir le petit arbre tournant *A*, de pareille groffeur, qui eft reçu par en bas dans une crapaudine *b*, & dans un collet par le haut. Ce petit arbre eft percé dans toute fa longueur de petits trous, dans lefquels on place la cheville *f*, pour foutenir le cerceau à différentes hauteurs, fuivant la longueur des cierges qu'on veut fabriquer.

Le cerceau de fer eft ordinairement garni à la circonférence de quarantehuit crochets de fer *g*, dans lefquels on paffe l'anfe ou le collet des meches : ainfi il faut fe repréfenter un pareil nombre de meches qui pendent tout autour de ce cerceau, & fur lefquels on verfe de la cire fondue. Cette feule expofition doit faire comprendre qu'il faut avoir, à la portée de cette romaine, de la cire en fonte dans un vaiffeau qui puiffe en même temps recevoir celle qui découle le long des meches, fans s'y être attachée. Tout cela s'exécute au moyen d'un fourneau dont nous allons parler.

§. VII. *Defcription de la Caque, de la Plaque & de la Poële à Cire.*

Ce fourneau confifte en un grand boiffeau fait de douves cerclées de fer B (*Pl. V, fig.* 2), & doublé de tôle. On en fait auffi de fer ou de cuivre qui font moins expofés aux accidents du feu. Ce boiffeau *A* (*Pl. VII, fig.* 9), qui eft de forme cylindrique, & qui n'a point de fond, préfente à un de fes côtés une ouverture C (*fig.* 9), faite comme la porte d'un poële. Aux grandes caques qui fervent pour les cierges, cette ouverture a près de dix-huit pouces en quarré ; mais l'ouverture de celles qui font deftinées à d'autres ouvrages eft plus élevée, & la porte eft par conféquent plus haute que large. On fe fert de cette ouverture pour faire entrer dans le fourneau une poële *B*, (*fig. 9*) ou une braifiere de fonte d'un pied de diametre fur quatre à cinq pouces de profondeur, remplie de charbon allumé; on l'introduit dans la caque en la foulevant avec des pincettes. Dans quelques petits atteliers, j'ai vu de ces poëles à feu qui étoient de fer battu, & qui avoient une queue comme celle d'une poële de cuifine, & qui fervoit à les porter dans la caque.

On a encore une plaque de fer battu ronde *B* (*Pl. VIII, fig. 6*), un peu plus grande que la braifiere, & qui porte un manche de fer; elle fert à couvrir en partie la braifiere quand le feu eft trop ardent : c'eft une efpece de regiftre.

Sur les bords de la caque repofe une grande poële de cuivre rouge *D* (*Pl. VII, fig. 9 & 10*), de quatre à cinq pieds de diametre par le haut, & de huit pouces dans le fond; elle a la forme d'un œuf, & eft étamée par écaille *b* (*Pl. VIII, fig. 6*), ou avec des lames d'étain; elle a des bords relevés de 15 à 16 pouces de hauteur. Les bords des poëles fervant à faire les cierges, s'élevent prefque perpendiculairement, afin que la cire qui tombe de haut ne puiffe rejaillir hors de la poële, & afin que les cierges qui pendent de la romaine puiffent fe trouver fucceffivement au centre de la poële; il y a aux bords deux échancrures, fous lefquelles on place deux plaques de cuivre pour recevoir les gouttes de cire qui pourroient dégoutter des cierges nouvellement faits.

A la Fabrique des bougies, comme la cire ne tombe pas d'auffi haut, les bords de la poële forment une efpece d'entonnoir, de forte que cette poële, avec fes bords, repréfente affez bien un chapeau rabattu; car fes bords fort larges forment un plan incliné vers le fond de cette poële. Pour recevoir la cire qui rejaillit du fond de la poële, quelques-uns font fimplement l'entonnoir, comme le repréfente *D* (*Pl. VII, fig. 9*).

Afin qu'il tombe moins de cire hors de la poële, il y a au bord une échancrure qui embraffe l'arbre tournant de la romaine : quelquefois ce rebord prend plus d'étendue, & devient plus perpendiculaire du côté du Cirier qui tient la cuiller pour qu'il puiffe approcher de la romaine. Il eft bon qu'il y ait des crochets fixés au-deffous de la poële, & que ces crochets puiffent entrer dans des pitons attachés à la caque *e* (*Pl. VIII, fig. 6*), pour empêcher que quelque accident ne la faffe gliffer, & que la cire fondue ne foit répandue.

§. VIII. *Maniere de jetter la Cire.*

On place cette poële au-deffous du cerceau de la romaine, de forte qu'elle n'embraffe pas plus qu'un quart ou un cinquieme de la circonférence de ce cerceau où pendent les meches. Cependant cette poële refte toujours à la même place, & on ne la transporte point ; mais en faisant tourner peu à peu le cerceau de la romaine, on fait ensorte que successivement toutes les meches répondent à la perpendiculaire du centre de la poële qui doit recevoir la cire qui en découle.

Tout étant ainsi disposé, on met des pains de cire dans la poële ; on passe dans la caque & sous la poële, un brasier rempli de charbons ardens ; la cire se fond peu à peu ; & l'on a grande attention qu'elle ne bouille point, & même qu'il y ait toujours dans la poële de la cire qui ne soit pas fondue. On regle la chaleur, soit en couvrant le feu avec une plaque, soit en mettant de nouvelle cire dans la poële pour refroidir celle qui est déja fondue ; car si elle bouilloit, elle se dessécheroit, se roussiroit, & il se formeroit une écume qui rendroit le travail défectueux. Il est même important de ne donner à la cire qu'une chaleur convenable ; parce que si elle étoit trop chaude & trop coulante, elle ne s'attacheroit pas assez aux meches & à la cire déja figée ; si au contraire elle étoit trop près de se figer, elle s'amasseroit par grumeaux, & grossiroit trop le bas des cierges. Il faut donc observer un certain milieu qui est connu par l'usage, & qui consiste, comme je l'ai déja dit, à faire ensorte qu'il y ait toujours dans la poële un peu de cire qui ne soit pas fondue.

§. I X. *Description de la Cuiller.*

La cuiller des Ciriers est une espece de gouttiere de fer blanc (*Pl. V, fig. 4*) emmanchée par le côté & fermée par le derriere : elle se rétrécit par le devant, & elle porte à son manche un petit crochet qui sert à l'arrêter sur le bord de la poële. Les grandes cuillers ont un pied de long, & leur manche 8 pouces ; elles peuvent contenir depuis deux jusqu'à quatre livres de cire ; elles servent à prendre dans la poële la cire en fusion, pour la jetter sur les meches.

§. X. *Des Coffres à Cire.*

Quand on fait un travail considérable, il est bon de porter auprès de la romaine un coffre (*Pl. VI, fig. 16*), dont l'assemblage soit exactement joint : on y met la cire en pains, parce que le Jetteur en doit mettre de temps en temps de nouvelle dans la poële ; & toutes les fois qu'il quitte le travail, il met le couvercle sur le coffre, pour qu'il ne tombe aucune ordure sur la cire.

§. XI. *Maniere de faire les Jettées.*

Pour expliquer comment on fait les différentes jettées, supposons que le cerceau de la romaine soit garni de meches de trois pieds de longueur. Le Cirier place ce cerceau (*Pl. V, fig. 2*) à une hauteur convenable, pour que

le

le bas des meches foit affez près de la poële où eft la cire fondue ; enfuite il monte fur un gradin, s'il n'eft pas affez grand, & fe place de façon que fon épaule foit à peu-près à la hauteur du cerceau ; puis prenant de la main gauche la meche du cierge qu'il veut travailler, & la pinçant entre fes deux doigts tout auprès du crochet où elle eft attachée, il puife avec la cuiller qu'il tient de la main droite, de la cire fondue qu'il verfe fur les meches en commençant à trois doigts du collet, pour que cette partie qui forme le lumignon, ne foit point garnie de cire. Le Cirier fait tomber la cire fondue le plus perpendiculairement qu'il lui eft poffible ; & en même temps, il tourne doucement la meche qu'il a faifie de la main gauche, afin qu'elle fe charge de cire également de tous côtés, & que le cierge fe forme à peu-près rond : il paffe fucceffivement d'une meche à une autre, en faifant tourner la romaine, de forte que toutes les meches éprouvent l'une après l'autre cette opération. Pendant qu'on conduit le jet fur toutes les meches qui garniffent la circonférence de la romaine, celles qui ont été les premieres enduites de cire, fe refroidiffent, & elles fe trouvent plus en état de fe charger de nouvelle cire. C'eft ainfi que les cierges prennent peu à peu de la groffeur, mais toujours plus par en bas que par le haut, parce que la cire en coulant du haut en bas du cierge, fe refroidit un peu, qu'elle devient plus gluante, & par conféquent qu'elle s'arrête en plus grande quantité fur la cire déja figée. D'ailleurs, on ne peut faire un jet au haut d'un cierge, qu'il ne coule de la cire en en-bas ; au lieu que les jets qu'on fait par le bas & qu'on nomme des *quarts*, des *tierces* & des *demi-jettées*, ne fourniffent point de cire au haut du cierge ; cela fait que tout naturellement les cierges prennent la forme conique qu'ils doivent avoir, & qu'ils font toujours beaucoup plus gros par le bas que par le haut. Cette forme néanmoins feroit peu réguliere fi le Cirier ne favoit pas porter le jet à différents points de la circonférence, tantôt plus haut & tantôt plus bas, fuivant la forme que prend fon cierge. On commence ordinairement par donner trois jets dans toute la longueur ; le quatrieme jet fe donne plus bas, & le cinquieme ainfi que le fixieme encore plus bas.

Quand les cierges ont acquis à peu-près la moitié du poids qu'ils doivent avoir, on les décroche de la romaine ; on paffe une ficelle dans les collets, & on les accrohe au plancher pour les laiffer refroidir ; car fi l'on continuoit d'y jetter de la cire pour les mettre tout d'un coup à leur groffeur, principalement en été, la cire s'échaufferoit au point qu'elle fe détacheroit de la meche, & qu'elle tomberoit dans la poële.

Pendant que les cierges fe refroidiffent, on en commence d'autres. Si l'on n'étoit point preffé d'ouvrage, il ne feroit que mieux de les conferver long-temps en cet état avant de les finir.

CIRIER. N

§. XII. *Maniere de finir les Cierges.*

LORSQU'ON veut finir les cierges, on les remet à la romaine, & on les couvre de nouvelle cire : on jette les dernieres couches, comme on a fait pour les premieres, ayant foin de donner deux demi-jets par le bas, afin de groffir le pied : à l'égard du dernier jet, il doit s'étendre de toute la longueur du cierge. Les Ciriers font mettre dans la Cire qui fert à finir, 10 pour cent de cire corrompue, (nous expliquerons ce que c'eft). Leur deffein eft d'empêcher que le deffus des cierges ne fe jafpe, c'eft-à-dire, qu'il ne foit marqué de taches blanches moins tranfparentes que le refte ; ce qui arrive quand l'étuvé dont nous allons parler eft trop chaude.

C'eft encore une adreffe des Ciriers, de favoir faire les cierges précifément du poids qu'on les demande. Ordinairement quand ils jugent qu'ils font arrivés à ce poids, ils en décrochent quatre ou fix de la romaine pour les pefer un à un ; & lorfqu'ils font fatisfaits du poids, ils les décrochent tous pour les mettre étuver.

Plufieurs Ciriers emploient pour finir leurs cierges de plus belle cire que pour commencer ; mais c'eft une fraude dont ils ne peuvent fe juftifier qu'en difant qu'ils diminuent proportionnellement le prix de leur cire.

§ .XIII. *Ce que c'eft qu'étuver les Cierges.*

QUAND, par toutes les jettées dont nous venons de parler, les cierges font parvenus à leur groffeur, la fuperficie n'en eft pas unie, & elle eft matte, au lieu qu'elle doit être luifante. C'eft en roulant ces cierges, qu'on peut leur procurer ce poli. Mais pour bien rouler les cierges, il faut que la cire fe foit raffermie ; ou, comme l'on dit, qu'elle ait pris corps : c'eft ce qu'on lui procure en tenant les cierges dans ce qu'on appelle l'*étuve* ou le *lit*.

Les Ciriers arrangent les cierges qu'ils veulent étuver, foit fur un lit de plume, foit fur un matelas, entre deux linges blancs, & on recouvre le tout d'une couverture en double (*Pl. V, fig.* 15) : l'intention eft que la cire fe raffermiffe affez pour pouvoir être roulée ; car fi on la rouloit auffi-tôt après le dernier jet, elle feroit trop molle ; fi on la laiffoit fe refroidir à l'air, le deffus prendroit trop de dureté en comparaifon des parties intérieures qui refteroient trop molles ; mais par le refroidiffement lent qui fe fait fous les couvertures, la cire fe raffermit également dans la totalité du cierge. En hiver, lorfqu'il fait bien froid, on eft quelquefois obligé de baffiner le lit, pour prévenir un trop prompt refroidiffement ; d'ailleurs, comme il faut du temps pour rouler une certaine quantité de cierges, ils confervent leur chaleur dans l'étuve ; & pendant un temps confidérable, ils font en état d'être roulés.

Il eſt bon, quand on met les cierges dans le lit, de les y arranger les uns ſur les autres, de maniere que le bas d'une moitié de ces cierges ſoit d'un côté du lit, & que le bas de l'autre moitié ſoit tourné de l'autre ſens, de façon que la pointe de cette ſeconde moitié ſoit couchée ſur le pied des cierges qu'on a poſé les premiers; car la chaleur ſe conſervant plus long-temps vers la partie des cierges qui eſt plus épaiſſe, elle entretient la chaleur des pointes qui ſont au-deſſus.

On peut arranger ainſi dans un lit douze à quinze douzaines de cierges.

A meſure qu'on décharge la romaine, on met les cierges dans le lit; mais on a l'attention de les placer derriere ceux qu'on y a arrangés en premier lieu, pour être en état de retirer du lit ceux qu'on y a placés la premiere fois.

§. XIV. *Maniere de rouler les Cierges.*

CETTE opération ſe fait ſur une grande table de noyer exaĉtement dreſſée & bien polie (*Pl. V, fig. 5*); & l'on ſe ſert d'un inſtrument *b* qu'on nomme *Platine* ou *Rouloir.* Les tables les plus longues ſont les meilleures: elles doivent avoir trois ou quatre pieds de largeur; & comme il eſt difficile de trouver des planches de cette largeur, on conſtruit ces tables de deux planches; mais il faut que celle de devant porte au moins dix-huit pouces de large. On place cette table dans le laboratoire, vis-à-vis une fenêtre. Chez M. Trudon, pluſieurs de ces tables ſont recouvertes de bois de gayac rapporté par un Ebéniſte; comme ce bois eſt plain, & qu'il ſe polit parfaitement, la cire en devient plus brillante.

On met ſur cette table une petite cuvette de cuivre étamée *d* remplie d'eau, pour mouiller de temps en temps l'endroit de la table où l'on travaille.

Le rouloir (*fig.* 14) n'eſt autre choſe qu'une planche de noyer bien polie & épaiſſe de trois pouces vers le milieu: il porte en deſſus deux poignées pour le manier commodément. Ceux dont on ſe ſert le plus communément, ont environ un pied ou quinze pouces de longueur, ſix, ſept ou huit pouces de largeur, & cinq lignes d'épaiſſeur vers les bords qui forment un bizeau.

Lorſque les Ciriers veulent rouler les cierges, ils en tirent deux ou quatre de deſſous la couverture; ils en prennent un qu'ils couchent ſur la table devant eux (*fig. 5*), & poſant le rouloir deſſus, ils le pouſſent & le rappellent à eux pour faire prendre au cierge une forme bien ronde & bien réguliere. Ce travail ne paroît pas difficile; néanmoins il faut de l'uſage pour connoître quand la cire a pris la conſiſtance convenable pour être bien roulée, & pour que dans les différentes repriſes du rouloir, il ne ſe faſſe point de reſſaut. Celui qui ſait bien manier le rouloir connoît, à la ſeule poſition de ſon inſtrument, les défauts des cierges qu'il roule; & il ſait y remédier ſans qu'on s'en apperçoive, en appuyant plus d'un côté que d'un autre; au lieu qu'un Ouvrier moins expérimenté en augmenteroit le défaut, & gâteroit tout. Pour peu qu'il y ait de saletés sur la table ou sous le rouloir, la cire s'y attache; ainsi il faut tenir l'un & l'autre bien nettoyés. On mouille de temps en temps la table & le rouloir pour prévenir l'adhérence de la cire; c'est pour cela que le Cirier tient près de lui le petit vaisseau *d* rempli d'eau, qu'il jette avec la main sur la table & sur le rouloir. Par cette opération les bougies ainsi que les cierges prennent une forme réguliere, & acquierent tout le brillant qu'on peut desirer.

§. XV. *Comment on coupe les Cierges de longueur.*

Quand les deux ou quatre cierges qu'on a tirés de l'étuve sont exactement ronds, on les pose à côté les uns des autres sur la table, de sorte que tous les colets se répondent, & on les rogne tous à la fois avec un couteau de bois (*Pl. V*, *fig.* 10 & 11), pour qu'ils soient d'une égale longueur & que leur base soit plate. Ce couteau qu'on nomme *Couteau à rogner*, est d'environ dix à douze pouces de longueur, de trois à quatre pouces de largeur, & d'un pouce d'épaisseur vers le dos, il se termine par un tranchant; on le fait d'un bois plain & dur; il a un manche de quatre à cinq pouces de longueur : sur le dos de ce couteau est gravé le cachet de la Manufacture. On coupe les cierges en les faisant rouler sur la table sous le tranchant du couteau.

§. XVI. *Maniere de percer les Cierges.*

Après avoir roulé & coupé les cierges de longueur, il ne reste plus , pour les finir, qu'à faire le trou ou *douille* dans laquelle doit entrer la broche du chandelier. On fait ce trou avec des broches de bois bien pointues (*Pl. V*, *fig.* 12), dont la longueur & la grosseur sont proportionnées à la grandeur des cierges. Ces broches sont faites sur le tour, & ont un manche ou une poignée. Un Cirier doit être assorti de ces broches, & en avoir depuis quatre pouces jusqu'à deux pieds de longueur, & depuis quatre lignes de diametre par le gros bout jusqu'à deux pouces. On commence le trou avec le bout du doigt; puis prenant la broche de la main droite par son manche, & le cierge étant couché sur la table & assujetti sous le plat de la main gauche, on enfonce cette broche bien droite , tournant un peu le cierge, & en allant & revenant avec la main gauche qui doit appuyer dessus (*Pl. V*, *fig.* 6). Les Ouvriers mal-adroits crevent quelquefois la cire; mais les bons Ouvriers sentent avec leur main gauche, si la broche se porte trop d'un côté ou d'un autre, & ils y remédient. Quand la broche est entrée de cinq à six pouces ou plus, suivant la grosseur du cierge, on la retire, à moins qu'on ne voulût faire des empreintes sur le gros bout du cierge, comme nous le dirons ailleurs; mais ordinairement

l'Ouvrier

l'Ouvrier laiſſe la broche dans le cierge, & retournant le couteau à rogner ſur le dos duquel eſt gravée la marque de la Manufacture, il le mouille & l'appuie ſur le cierge vers la partie où eſt la broche, & il y imprime cette marque en le faiſant tourner; pour lors le cierge eſt réputé fini, & l'Ouvrier le poſe au fond de la table. Ordinairement un Ouvrier eſt chargé de tirer les cierges de l'étuve, & de les rouler pendant qu'un autre s'occupe à les rogner, les percer, & à y imprimer la marque du Cirier, & à les mettre en paquets.

§. XVII. *Comment on met les Cierges en Paquets.*

Quand ſix ou huit ou douze cierges ſont finis, ſi ce ſont des cierges d'un quart, on les réunit avec une ficelle qu'on paſſe dans leur collet, & on les pend par cette ficelle à des crochets au plancher, pour que la cire ſe refroidiſſe & qu'elle ſe raffermiſſe : lorſqu'ils ſont froids, on les paſſe dans une balance dont un des plateaux eſt fait en gouttiere, pour vérifier ſi les douze peſent trois livres: ſi le poids eſt foible, on retire du paquet le cierge le plus menu pour y en ſubſtituer un plus fort.

On peſe les cierges dans un plateau fait en gouttiere, afin qu'ils ne ſe plient pas; & on ne les pend pas au crochet de la balance, parce qu'il eſt bien plus aiſé de tirer un cierge de la gouttiere & d'y en ſubſtituer un autre, que de les décrocher & les racrocher pluſieurs fois.

Quand les douze cierges ſont à leur poids, on les expoſe à l'air en les attachant par le collet à des clous à crochet, le long des barres de bois ou de fer: ſi on les couchoit ſur les toiles, comme les bougies, ils ſe courberoient, vu leur longueur, & qu'ils ſont menus : dans cette poſition ils prennent un peu de blanc, à-peu-près comme s'ils étoient ſur les toiles; quand ils ſont refroidis; on les frotte avec un linge, & on les enveloppe dans des feuilles de papier qu'on aſſujettit avec de la ficelle. Si l'on ne doit pas les tranſporter bien loin, on les met dans des boîtes de bois en forme de gouttiere, qu'on nomme *Etuis à Cierges,* auxquels on ajuſte des bretelles pour les charger ſur le dos. Si les cierges doivent être livrés au loin, on les emballe dans des caiſſes que l'on garnit de papier gris.

§. XVIII. *Remarques ſur la façon de jetter les Cierges fort longs.*

Lorsque les cierges ſont fort longs, quelque taille avantageuſe qu'eût le Cirier, il lui ſeroit impoſſible de les jetter ſeul. Comme il doit s'élever plus haut que le cerceau de la romaine, il ne lui ſeroit pas poſſible de puiſer la cire fondue dans la poële; il eſt donc obligé de s'élever ſur un gradin (*Pl. V, fig.* 2) qui eſt ordinairement formé de deux fortes planches aſſemblées à angles droits; & dans l'angle rentrant de ces deux planches, il y

Cirier. O

a une tablette triangulaire qui repose fur les taſſeaux qu'on peut poſer à telle hauteur que l'on veut. Le Cirier s'étant aſſez élevé pour pincer la meche au collet, & pour faire ſon jet, il ſe fait aider par un garçon qui puiſe la cire dans la poële, & la verſe dans la cuiller que le Cirier tient à la main. On a quelquefois jetté à la cuiller des cierges aſſez longs pour qu'on ait été obligé de placer trois ou quatre Ouvriers à différentes hauteurs; mais ces grands cierges ſe font ordinairement à la main, comme nous allons le dire.

§. XIX. *Maniere de faire les Cierges à la main.*

L A plus grande partie des cierges ſe fait à la cuiller, comme nous venons de l'expliquer; il n'y a que des cierges fort grands, que l'on ne peut faire qu'en enveloppant la meche avec de la cire attendrie: c'eſt ce qu'on appelle *faire des cierges à la main*; & comme de cette façon on en peut faire de toutes eſpeces, & que la cire a même un œil plus blanc, quoiqu'un peu plus mate qu'à ceux qui ſont jettés, je vais expliquer comment ſe fait ce travail: j'obſerverai, en finiſſant, que les cierges à la main ſe rompent bien plus aiſément que ceux qui ſont jettés.

§. XX. *De la diſpoſition des Meches des Cierges à la main.*

QUAND on veut fabriquer des cierges de moyenne groſſeur, on fait les meches avec moitié fil de Cologne & moitié coton; parce que, comme on le verra dans la ſuite, les meches des cierges qu'on fait à la main fatiguent plus que celles qu'on fait à la cuiller; & c'eſt pour cette raiſon, que quand on fait à la main de fort grands cierges, les meches ſont entiérement de fil de Cologne. On attache un bout de ces meches à un crochet ſcellé dans la muraille, à deux pieds & demi ou trois pieds au-deſſus du terrein; c'eſt cette extrémité qui doit répondre au gros bout du cierge. On paſſe le collet ou l'autre bout de la meche qui doit former le lumignon, dans un autre crochet attaché à un corps peſant, afin qu'on puiſſe aiſément tendre plus ou moins la meche, en éloignant ou en rapprochant de la muraille le poids auquel la meche répond, on a auſſi attention que cette extrémité de la meche qui doit répondre au même bout du cierge, ſoit plus baſſe que l'autre: quelquefois on fait tenir ce bout par un Ouvrier.

§. XXI. *Comment on attendrit la Cire pour la diſpoſer à être appliquée ſur la Meche.*

PENDANT que le Cirier ajuſte la meche, comme nous venons de le dire, il fait tiédir une certaine quantité d'eau dans une poële cylindrique & couverte: en entretenant l'eau à ce degré de chaleur, il y met de la cire qui s'y attendrit ſans ſe fondre. Cette cire s'attendrit en effet peu à peu, mais inégalement ; la fuperficie étant fouvent trop tendre pour pouvoir être employée commodément , & la cire intérieure trop ferme: fi cependant on vouloit attendrir fuffifamment cette cire intérieure , celle du deffus qui eft déja trop tendre, tomberoit en fufion. C'eft pour cette raifon que les Ciriers emploient un autre moyen pour donner à la maffe de leur cire une foupleffe uniforme. Ils tirent de la poële couverte environ deux livres de cire; ils la pêtriffent entre leurs mains feulement, pour réunir les pains , qu'ils remettent dans l'eau pour les attendrir encore avant de les paffer fur la *Broie* dont nous allons parler.

§. XXII. *De la Broie , & de fon ufage pour écacher la Cire.*

On ajufte fur une table un étrier quarré de fer plat, terminé par deux anneaux qui entrent dans deux crochets fermement attachés au-deffus de la table , au moyen de deux écrous qui fe viffent par-deffous la même table. Ces boulons qui portent à un de leur bout une vis, & à l'autre un crochet, ont environ cinq pouces de longueur; l'étrier qui s'accroche dans les boulons, reçoit l'extrémité d'un bout de membrure de trois pouces de largeur fur deux pouces & demi d'épaiffeur, & qui conferve les mêmes dimenfions jufqu'au bord de la table où la membrure diminue de largeur ainfi que d'épaiffeur, & où elle eft arrondie pour pouvoir être facilement empoignée ; cette membrure qu'on nomme la *Piece à broyer*, a, par le moyen de l'étrier, un mouvement de charniere qui permet de l'éloigner ou de la rapprocher de la table; toute cette machine fe nomme *la Broie* (*Pl. VI , fig.* 3): en voici l'ufage.

Au fortir de la chaudiere, on met la cire attendrie fous la broie, on la pêtrit à force de bras jufqu'à ce que toute cette maffe ait une foupleffe uniforme , & qu'on n'y fente, en la maniant entre les doigts, aucune portion de matiere plus dure que le refte, ou quelques durillons. La cire ainfi préparée fe nomme *Cire écachée*, qui fert à faire les cierges à la main.

Nous avons dit plus haut qu'on met dans la cire qui eft deftinée à finir les cierges, environ dix pour cent, d'une cire préparée, qu'on nomme *Cire corrompue*. Il eft temps d'expliquer comment fe fait cette efpece de cire.

§. XXIII. *De la Cire corrompue.*

Pour corrompre la cire, on met des pains de cire écachée dans l'eau & dans la même chaudiere qui a fervi pour faire la cire écachée: on couvre cette chaudiere de fon couvercle, & on laiffe cette cire dans l'eau chaude jufqu'à ce qu'elle foit prête à fondre ou réduite à l'état d'une bouillie fort épaiffe; alors comme elle eft trop molle pour pouvoir être prife avec les mains , & que d'ailleurs les Ouvriers rifqueroient de fe brûler, on en retire environ dix ou douze livres avec une écumoire, & on la verse sur une table dont le dessus est percé d'un nombre de trous, & recouverte d'une toile claire tendue & attachée autour de cette table avec des clous. Les trous de la table servent à égoutter l'eau qui tombe à bas : on pêtrit avec les mains cette cire pour lui faire rendre le reste de son eau, & on finit par en former des pains d'environ deux livres, qui, en se refroidissant, prennent de la dureté.

La cire corrompue ressemble, quand elle est molle, à du fromage blanc : elle a perdu sa ductilité, ou, comme l'on dit, son corps : il est impossible, en la manipulant, d'en pouvoir faire aucun ouvrage ; mais elle est d'une blancheur à éblouir. Cette cire n'est plus ductile, parce que par l'opération que nous venons de décrire, elle renferme, entre ses parties, une petite quantité d'eau ; ce qui se prouve, parce qu'elle augmente un peu de poids : quand on la fait fondre avec d'autre cire, le bain semble du lait, & l'on trouve toujours un peu d'eau au fond de la poële. Lorsque ces pains de cire corrompue sont refroidis, ils ressemblent à de la craie ; & c'est dans cet état qu'on les conserve à l'abri de la poussiere, jusqu'à ce qu'on en ait besoin pour les mêler avec la cire qu'on fait fondre pour jetter des cierges.

Je reviens à la cire écachée pour décrire la maniere d'en faire des cierges à la main.

Il faut être prévenu qu'au sortir de la broie, on remet la cire dans de l'eau tiede, pour qu'elle ne se durcisse pas, & qu'elle s'entretienne très-ductile ; mais il ne faut pas que cette cire soit trop chaude, de peur qu'elle ne devienne dans l'état des cires corrompues.

§. XXIV. *Maniere d'employer la Cire attendrie.*

Pour faire usage de cette cire préparée, on en tire un morceau de l'eau tiede ; on le manie encore dans les mains, jusqu'à ce qu'elle soit bien ductile ; on la pêtrit ensuite dans un linge blanc (*Pl. VI , Fig. 5*) pour la ressuyer & en tirer les gouttes d'eau qui y sont restées enfermées ; & en continuant de la manier entre les mains, si l'on doit faire de petits cierges, on en forme une espece de gouttiere de 6 ou 8 pouces de longueur, dont on enveloppe la meche qui est tendue, comme nous l'avons dit (*Pl. VI , fig. 6*) ; & commençant par garnir le bout le plus élevé qui doit faire le pied du cierge, on pêtrit cette cire avec les deux mains ; on l'étend sur la meche qu'on décroche pour rouler la cire entre les deux mains ; & lorsque le cierge a acquis sa forme & sa grosseur, & que la meche est suffisamment chargée de cire, on met les cierges sur la table, & on les roule comme ceux qui sont jettés à la cuiller ; on les perce de même avec une broche, dont la grandeur est proportionnée à celle du cierge : les plus grosses broches n'excedent gueres un pouce de diamettre ; elles n'entrent dans le cierge que de 8 à 10 pouces.

Pour

Pour les cierges de moyenne grosseur, les Ciriers prennent à la fois la quantité de cire qu'il faut pour les former ; mais comme il seroit bien difficile de fabriquer les gros cierges, tel qu'un *Cierge Pascal*, en appliquant la cire sur la meche tendue, parce que le poids de la cire feroit rompre la meche, on prend la totalité de la cire qu'il faut pour faire un pareil cierge ; on la pêtrit, & on l'étend sur une table comme une pâte ; on lui donne à-peu-près la forme du cierge ; on place la meche dans une rainure qu'on fait dans cette cire ; on la recouvre ; on forme ensuite le cierge ; on le roule, & on fait les pans comme nous le dirons lorsque nous parlerons de ces fortes de cierges.

Il est à propos de remarquer que pour que la cire ne s'attache pas aux mains, il faut les frotter de temps en temps avec de l'huile ou du sain-doux, quoique cela diminue un peu de l'éclat de la cire qui, sans cela, seroit plus blanche que celle qu'on auroit jettée à la cuiller.

On appelle ce travail *tirer* ou *filer un cierge* ; parce qu'effectivement quand les cierges sont petits, on roule la cire entre les mains pour l'alonger & faire la pointe plus menue.

On peut faire des cierges à la main depuis le poids de quatre onces jusqu'à trente & quarante livres.

§. XXV. *Cierges de Pâques.*

LE cierge pascal se fait à la main, comme on vient de le dire ; & lorsqu'il a été roulé & percé, un Ouvrier prend un couteau dont le tranchant est un peu arrondi, & l'appuyant sur toute la longueur du cierge, il forme dans le contour six pans, sur chacun desquels il tire des filets, & y imprime divers ornemens, en observant que, suivant le Rituel du Diocese de Paris, il doit y avoir une croix sur un de ces pans.

L'Ouvrier se sert d'un petit *Gravoir* pour tracer deux filets sur chaque pan, dans toute la longueur du cierge.

Pour imprimer les ornemens, l'Ouvrier se sert de cachets de buis, sur lesquels sont gravés différens ornemens, & il fait choix de ceux qui conviennent le mieux à la grosseur du cierge : après les avoir un peu mouillés, il les applique avec la main sur le cierge.

Pour faire la croix, on se sert d'un gravoir un peu plus gros que celui qui a servi pour les filets ; on forme avec le gravoir une profonde cannelure sur le milieu d'un des pans du cierge ; ensuite avec un gravoir plus petit on trace une cannelure plus étroite aux deux côtés de la premiere ; puis appuyant le gravoir de côté sur la cire qui est entre la grande & la petite cannelure, il forme un gaudronnage tout du long ; au lieu de gaudronner les deux côtés de la croix, on peut pincer la cire qui est entre la grande & la petite cannelure pour y former une espece de feuillage avec des pinces de bois dont les bouts font arrondis & concaves ; enfuite avec le même gravoir, l'Ouvrier fait un trou au haut & au bas de la cannelure ; à cinq ou fix pouces au-deffous du trou d'en haut, il en forme un troifie-me fur les deux pans ; & à côté du trou du milieu, il en fait deux autres pour former la croix : c'est dans ces cinq trous que l'on met les clous d'encens.

§. XXVI. *Maniere de faire les clous d'encens.*

LES clous d'encens font des morceaux de cire figurés à quatre faces pointues ou en pyramide par le devant, & dont la bafe quarrée de la py-ramide doit être tournée du côté du cierge : au-deffous est une pointe pour entrer dans les trous de la croix. On les appelle *Clous* ou *Grains d'encens*, parce qu'on mêle avec cette cire de l'oliban ou encens ; comme cet alliage noircit la cire, on est dans l'ufage d'y appliquer extérieurement des feuilles d'or.

Avant d'ôter la broche qui perce le pied du cierge, on imprime, fi l'on veut, des ornements, ou l'on forme des moulures fur les faces plates ; enfin on lie au gros bout un ruban de fil, après quoi on coupe avec le couteau de bois le bas de ce cierge tout auprès du ruban ; on retire enfuite la bro-che, & le cierge est fini. Le ruban de fil ou de padou, dont on vient de parler, fortifie beaucoup le pied du cierge, & empêche que la cire ne s'éclate quand on place le cierge fur le chandelier.

Nous avons dit que pour travailler les cierges à la main, l'Ouvrier fe frottoit les mains avec un peu d'huile bien nette ou avec du fain-doux, on graiffe pareillement la table, le rouloir, la broche & les cachets ou mou-les qui fervent pour les ornements, afin que la cire ne s'attache pas aux corps qui la touchent.

On fufpend par le collet les cierges qui font finis, afin qu'ils fe refroi-diffent, & que la cire fe raffermiffe ; enfin on les enveloppe dans du papier comme ceux qu'on a jettés à la cuiller.

§. XXVII. *Des Cierges tortillés.*

CES cierges font plus chargés d'ornements que les autres ; & il n'y a que quelques Confrairies qui en faffent ufage.

Pour faire un cierge tortillé, on prend un cierge ordinaire ; & lorfqu'il est roulé & percé, l'Ouvrier le retourne & porte le gros bout vers fa main gauche ; puis prenant de la droite le gravoir, il en appuie le bout à quatre ou cinq pouces de diftance du bout percé, & pouffe une cannelure jufqu'à la pointe du cierge ; ce qu'il exécute en appuyant le gravoir, & en le conduifant de gauche à droite avec fes deux doigts qu'il fait gliffer le long du cierge. Il trace de cette façon fix cannelures autour du cierge ; &

lorfqu'elles font tracées , il repaffe le gravoir plufieurs fois dans chacune d'elles , jufqu'à ce que la largeur & la profondeur foient proportionnées à la groffeur du cierge ; enfuite prenant des deux mains ce cierge cannelé , il divife en trois la portion où font les cannelures ; il tourne enfuite de gauche à droite le premier tiers cannelé ; puis de droite à gauche le fecond tiers ; enfin de gauche à droite le troifieme tiers ; il remet le cierge fur la table , & le roule avec fes deux mains feulement pour le redreffer, après quoi il l'expofe à l'air pour le fécher & l'empaqueter comme les autres (*Pl. VIII , fig.* 11).

§. XXVIII. *Cierges à plufieurs branches.*

IL y a des cierges à plufieurs branches fortant d'une même tige percée pour être placés fur un chandelier ; & d'autres qui ne font point percés , mais qui portent un pied fur lequel on peut les pofer.

Pour faire ces fortes de cierges (*Pl. V , fig.* 9) , on prend trois cierges de même longueur , après qu'ils ont été roulés & rognés , mais avant qu'ils foient percés ; on les arrange à côté les uns des autres ; on en met deux fur la table , & un troifieme par deffus ; on les lie avec un ruban de padou blanc vers le point *b* , c'eft-à-dire , à quatre ou cinq pouces du bas *a* , où l'on attache pareillement un ruban.

Les cierges ainfi liés , on les applatit un peu entre les deux ligatures *a* , *b* ; on les foude les uns aux autres , & on perce le tout comme les cierges ordinaires ; enfuite on les courbe au-deffus de la ligature d'en haut *b* , pour les ranger en forme d'éventail ou en triangle.

On fait de ces cierges pour les Eglifes qui fuivent le rit Romain , & où l'on emploie un cierge triangulaire pour la bénédiction de l'encens qui fe fait le Samedi Saint.

Comme la partie *a b* eft formée de trois cierges , elle eft cannelée , & ordinairement on tortille cette portion du cierge ; outre qu'elle en devient plus agréable , les cierges fe trouvent plus fortement réunis. On peut faire ces fortes de cierges en éventail , à trois , cinq & fept branches , & même à un plus grand nombre , fi l'on veut , en leur donnant une courbure fuffifante pour qu'ils foient étagés.

§. XXIX. *Cierges à branches & à pieds.*

LE nombre de branches de ces cierges eft à volonté ; car on en met depuis trois jufqu'à vingt-cinq ou trente. Pour les façonner , on prend le nombre de cierges que l'on veut ; & quand ils ont été roulés & rognés , on les arrange à côté les uns des autres , foit en triangle , foit en rond ; on les lie enfuite avec un ruban à la hauteur d'environ fix pouces du bas , & l'on met une feconde ligature à quatre ou cinq pouces au-deffus de la première ; puis recourbant un certain nombre de cierges au-deffous de la premiere ligature on en forme un pied qui, pour l'ordinaire, eſt rond. Lorſque le nombre des cierges liés enſemble excede celui de huit ou dix, qui ſuffit pour former le pied, on coupe le ſurplus. Le pied ainſi arrangé, on courbe les mêmes cierges au-deſſus de la ligature d'en-haut, & on leur donne telle forme que l'on veut. Cette eſpece de cierge ne ſe fait que de commande, & pour quelque dévotion particuliere.

§. XXX. Des Pointes.

La pointe eſt un cierge autour duquel on n'imprime point la marque de la Manufacture, parce que ſon uſage eſt d'être placé au haut d'une ſouche, telle que l'on en voit communément ſur les autels de pluſieurs Egliſes.

On ne met point de marques à ces pointes, parce que, comme elles doivent être placées au haut d'une ſouche pour repréſenter un gros & grand cierge, il feroit déſagréable à la vue d'y appercevoir les impreſſions qu'on met ordinairement aux pieds des cierges.

Lorſque ces pointes ſont bien faites & percées ſur la groſſeur de la douille de la ſouche ; les deux enſemble paroiſſent ne faire qu'une ſeule piece & un grand cierge.

Je parlerai à la fin de l'Article ſuivant de la façon de faire des ſouches de différentes eſpeces.

§. XXXI. Maniere de faire les Bougies d'appartement.

Les bougies d'appartement, ou chandelles de cire, ſe font à la cuiller à-peu-près comme les cierges ; ainſi nous nous bornerons à faire appercevoir la différence qu'il y a entre ces deux opérations.

§. XXXII. Deſcription des Cerceaux pour jetter les Bougies.

En place de la grande romaine (Pl. V, fig. 2), dont nous avons donné la deſcription, on ſe ſert de cerceaux de bois (fig. 3) ſemblables aux cercles des futailles. On leur donne environ ſix pieds de circonférence pour leur faire porter quarante-huit bougies : ces cerceaux ſont ſuſpendus aſſez près de terre, par une croiſée de cordes qui ſe réunit à une ſeule, laquelle eſt attachée au crochet de la romaine.

Dans les atteliers où il y a des cordes attachées aux ſolives au-deſſus de la poële, & au bout deſquels il y a des anneaux, on y accroche les cerceaux ; mais il eſt plus commode de ſe ſervir d'une romaine (Pl. VIII, fig. 5).

Cette romaine eſt compoſée d'une piece de bois qui deſcend du plancher, au bout de laquelle eſt aſſemblée une autre piece en forme de T renverſé, qui porte des anneaux, dans leſquels on paſſe les crochets attachés au bout de la corde qui ſupporte les cerceaux. Au moyen de cet ajuſtement les

cerceaux

cerceaux ont moins de branle que s'ils pendoient à une longue corde attachée à un plancher trop élevé. Pour rendre ce **T** renverſé qu'on nomme *Romaine à bougies*, plus commode, il faut que la traverſe qui reſſemble au fléau d'une balance, puiſſe tourner horizontalement (*Pl. VIII*, *fig.* 5).

Quelques-uns de ces cerceaux *f* (*Pl. V*, *fig.* 3) ſont garnis à leur cir- conférence de crochets plus petits que ceux qui ſont à la romaine (*Pl. V*, *fig.* 2) pour les cierges; d'autres *e* (*Pl. V*, *fig.* 3) qui ne ſont point gar- nis de crochets, ſont percés à leur circonférence de quarante-huit petits trous éloignés les uns des autres d'environ un pouce & demi: on paſſe dans chacun de ces trous un bout de ficelle d'environ quatre pouces de lon- gueur, retenu par un nœud dans le trou du cerceau: on verra dans la ſuite que dans certaines circonſtances ces ficelles tiennent lieu de crochets; dans ce cas on aſſujettit les meches aux ficelles avec un peu de cire.

Au moyen des cordes *bb* (*Pl. V*, *fig.* 3) qui ſuſpendent les cerceaux *a a*, on les établit immédiatement au-deſſus d'une poële *g* qui eſt à-peu-près ſem- blable à celles qui ſervent pour jetter les cierges; mais on a l'attention qu'il n'y ait que quatre à cinq pouces de diſtance depuis le bas des meches juſ- qu'aux bords de la poële, qui doit être aſſez grande pour que la cire qui découle ne puiſſe tomber dehors; c'eſt pour cela qu'il eſt bon que le bord ſoit relevé du côté du Jetteur, afin qu'il puiſſe atteindre plus commodé- ment aux bougies.

Quand la caque ſur laquelle la poële eſt placée, eſt de tôle, il eſt bon de mettre quelques planches du côté du Jetteur, pour garantir ſes jambes d'être brûlées *c* (*Pl. VIII*, *fig.* 6).

Dans la Vignette de la Planche V, le Jetteur de bougies eſt repréſenté aſſis; mais la plupart travaillent de bout, & avec raiſon; car il eſt bien dif- ficile qu'un homme aſſis, & qui eſt obligé de tenir le colet des bougies de ſa main gauche, puiſſe manier commodément la cuiller avec la main droite.

Quand on jette debout, il faut que la poële, & par conséquent la caque ſoient plus élevés que lorſque l'on jette les cierges; & comme la poële eſt poſée ſur une caque haute, le charbon ſe trouveroit trop éloigné du fond de la poële, & il n'agiroit pas aſſez ſur la cire, ſi l'on n'élevoit pas la brai- ſiere par le moyen de la roulette.

§. XXXIII. *Deſcription de la Roulette.*

L A roulette eſt une grande plaque de tôle d'environ 3 pieds de long ſur un pied de large: elle eſt garnie d'un rebord ſur les deux côtés qui for- ment ſa longueur, & encore au bout qui entre au fond de la caque: le bout de devant eſt ſans rebord; mais il y a une main & deux pieds de fer, de même hauteur que deux barreaux de fer horizontaux placés dans la caque, en forme de chevrettes, & ſur leſquels coule la plaque de tôle. Il faut donc

CIRIER. Q

se repréfenter qu'on tire la plaque de la roulettte hors de la caque qu'on pofe deffus la braifiere , & qu'en pouffant la plaque de tôle , comme elle gliffe fur les barres qui fupportent la roulette , elle entre aifément dans la caque, où les pieds de la plaque la foutiennent par-devant. Je crois qu'on nomme cet inftrument *Roulette* , parce que cette plaque étoit autrefois foutenue fur des roulettes , comme les poëles roulants ; mais on a trouvé plus commode dans la fuite de fupprimer ces roulettes , & de faire couler la plaque *f (Pl. VIII, fig. 6)*

§. XXXIV. *Maniere de tremper les Meches.*

U n Ouvrier met la braifiere dans la cheminée du laboratoire ; il la remplit de charbon , & pendant que ce charbon s'allume , il place la caque à por-tée de la romaine , & emboîte la poële à cire fur cette caque , au bas de la-quelle eft la roulette qui s'appuie d'un bout fur les tringles de fer , & de l'autre fur les deux montants qui fervent de pieds.

Lorfque le charbon eft allumé , l'Ouvrier prend une pincette, la paffe fous la poële à feu pour l'enlever & la porter fur la roulette qu'il pouffe, dans la caque; pour lors le feu fe trouve fous la poële à cire , dans laquelle il met des pains. Pendant ce travail , & en attendant que la cire foit fondue , un autre Ouvrier retire de l'étuve une baguette garnie de meches , & après les avoir arrangées fur une feuille de papier , il les accroche dans le pourtour des cerceaux à crochets.

Lorfqu'il y a affez de cire fondue dans la poële, un Ouvrier paffe le crochet du cerceau dans un des anneaux attachés à la romaine qui eft au-deffus de la poële ; puis prenant avec la cuiller de la cire en fufion, il donne un jet fur chaque meche en la tournant avec deux doigts de la main gau-che ; puis faifant tourner le cerceau avec le troifieme doigt de la même main, il faifit une autre meche , & celle qu'il couvre actuellement de cire , eft toujours fufpendue au milieu de la poële ; par ce moyen , il ne perd point de cire. Lorfque la derniere meche d'un cerceau eft couverte, il le laiffe un inftant pour donner le temps aux dernieres de s'égoutter; après quoi en tournant le fléau de la romaine bout pour bout , le cerceau dont les meches ont été trempées , (c'eft-à-dire , couvertes de cire) fe trouve hors de deffus la poële, un autre vient prendre la place du premier au-deffus de cette poële. Comme il y a autour de ce cerceau des meches accro-chées , l'Ouvrier qui tient la cuiller recommence à jetter de la cire fur ces nouvelles meches ; & pendant ce temps , un autre Ouvrier enleve de la romaine le cerceau dont les meches ont été trempées , & il en fubftitue un autre garni de meches qui fortent de l'étuve. Ces deux Ouvriers con-tinuent ainfi leur travail , tant qu'il y a des meches à imbiber de cire.

C'eft cette opération qu'on appelle *tremper des meches* ; & afin que les Ouvriers ne perdent point de temps , il eft bon qu'ils foient au nombre de trois : le premier accroche les meches aux cerceaux ; le fecond jette de la cire deffus ; & lorfqu'il a retourné la romaine, le troifieme décroche le cerceau, en remet un autre à la place, garni de meches ; enfuite il décroche celles qui ont été trempées, & les arrange fur une table.

On trempe les meches afin de contenir les brins qui les compofent, & pour empêcher qu'ils ne fe dérangent lorfqu'on les manie : quelques Ciriers, avant d'accrocher les meches ; prennent foin de les frotter avec de la cire fort attendrie ; d'autres fe contentent, quand elles font accrochées, de les preffer, les unes après les autres, entre deux doigts qu'ils font couler dans toute la longueur de la meche ; mais la plupart donnent le premier jet dont nous venons de parler, avec de la cire fort chaude, pour qu'elle pénetre mieux les meches.

On doit laiffer au haut des meches un pouce & demi de coton net de cire pour placer le *Ferret* & ménager le lumignon.

Quand les meches trempées font refroidies fur la table où on les a mifes au fortir des cerceaux, on les enveloppe dans du papier pour en former des paquets qui contiennent jufqu'à cent livres de bougies, & l'on enferme ces paquets dans des armoires pour les garantir de la pouffiere.

§. XXXV. *Mettre les Meches en* Ferret.

Quand les meches ont reçu les premiers jets, ou qu'elles ont été trempées, il faut garnir la partie qui doit former le lumignon avec de petits tuyaux coniques de fer blanc *b* (*Pl. V*, *fig.* 7), qu'on nomme *Ferrets* ; leur ufage eft d'empêcher qu'il ne tombe de la cire fur cette partie de la meche qu'on nomme le *Collet*.

Pour ferrer les meches, on paffe dans l'anfe ou le collet un fil de laiton qui porte un crochet ; cet inftrument fe nomme *Aiguille* ; d'autres, au lieu de cette aiguille, fe contentent de paffer dans l'anfe du collet un fil retors ou une ficelle menue qui, étant paffée dans le ferret, fert à y introduire le collet de la meche: de forte qu'après cette opération on croiroit que les meches font ferrées, ainfi que le bout d'un lacet. Il eft à propos d'expliquer plus en détail à quoi fert ce ferret, & pourquoi on n'en met point aux meches des cierges.

Il eft convenable que les bougies foient terminées par un lumignon de coton qui excede la cire ; fans cette précaution, on auroit la même peine à allumer les bougies, qu'on éprouve quand on veut allumer une bougie dont la meche eft confumée jufqu'au raz de la cire ; le ferret eft deftiné à empêcher la cire de couler fur cette partie de la meche qu'on veut laiffer à découvert. Quand on a jetté les cierges, on n'a éprouvé aucune difficulté à conferver le bout des meches net, parce qu'on jette les cierges en entier, le petit bout en haut ; mais cette façon de jetter, qui convient pour les cierges auxquels on veut donner une forme conique, ne vaut rien pour les bougies qui doivent être cylindriques : si on les jettoit en entier d'un même sens, il seroit bien difficile, pour ne pas dire impossible, de ne les pas faire beaucoup plus grosses par le bas que par le haut ; nous en avons donné la raison en parlant de la façon de jetter les cierges, où nous avons dit que la cire qui se refroidit aussi-tôt qu'elle est jettée, s'accumule en plus grande quantité au bas du cierge qu'au haut ; cette même raison oblige de jetter les bougies d'appartement qui doivent être cylindriques, moitié du bas de la bougie au collet, & moitié du collet au bas de la bougie : or, dans le premier cas, toute la longueur de la meche se couvriroit de cire si on ne l'empêchoit pas de s'attacher sur ce qui doit faire le lumignon. Autrefois on se contentoit d'envelopper ce bout de meche avec du papier, & cela suffisoit ; mais comme on perdoit un peu de cire qui restoit adhérente au papier, & qu'il restoit aussi quelquefois un peu de papier attaché à la meche, les Ciriers préferent maintenant d'employer ces petits tuyaux de fer-blanc ou ferrets.

§. XXXVI. *Maniere de commencer les Bougies.*

QUAND les meches sont ferrées, on les attache au cerceau par le bas en les collant aux ficelles du cerceau avec de la cire, on les jette en cette situation ; & quand elles ont acquis la moitié de leur poids, comme elles sont alors plus grosses du côté du collet que de l'autre bout, on les finit en les jettant de haut en bas, & alors on n'a plus besoin du ferret, puisqu'elles se trouvent dans le même cas que les cierges : ceci deviendra encore plus clair par les détails où nous allons entrer.

C'est ordinairement une femme qui est chargée de mettre les meches en ferret : elle se tient assise devant une petite table ; elle a à ses côtés une boîte qui contient les ferrets ; puis posant sur ses genoux un paquet de meches trempées, & prenant de la main droite un morceau de fil de laiton recourbé par un bout, elle passe cette espece d'aiguille au travers du ferret & accroche la bouche de la meche qu'elle tient de la main gauche ; puis tirant son aiguille de la main droite & le ferret de la main gauche, elle y fait entrer tous les brins de coton de la meche, en observant que le coton ne déborde pas le bout du ferret opposé à celui par lequel il est entré : car si la meche, en passant au travers du ferret, en excédoit la longueur, on auroit beaucoup de peine à la retirer lorsqu'il seroit recouvert de cire ; d'ailleurs le bout de cette meche seroit enduit de cire, ce qu'on veut éviter.

Les meches étant taillées, trempées & mises en ferret, on peut commencer la bougie. Pour cela un Ouvrier fait fondre de la cire dans une poële ; & pendant qu'elle fond, il prend des meches ferrées, il les trempe par le bas dans la cire qui fond ; & lorsqu'elles sont un peu attendries

par

par la chaleur de la cire, il les applique les unes après les autres au bout
de chaque collet ou ficelle qui pend autour du cerceau en appuyant un peu
avec le pouce de la main droite pour les attacher au collet; de cette façon les meches se trouvent suspendues perpendiculairement autour du cerceau, & les ferrets sont tournés vers le bas.

Comme la bougie, pour être bien faite, doit être de la même grosseur
par le haut que par le bas, & qu'en versant la cire en fusion sur les meches,
elles grossissent beaucoup plus par le bas; pour parvenir à leur donner
l'égalité de grosseur requise, lorsqu'on commence les bougies, on attache
autour du cerceau le bas des meches, & par les différentes jettées, les têtes de ces bougies deviennent plus grosses que leur pied; pour remédier
à ce défaut, en les finissant, on les retourne, & on accroche au cerceau le
collet de la bougie qui étoit enfermé dans le ferret, afin que le bas devienne aussi gros que le haut.

Ainsi, pour commencer les bougies, les meches trempées & ferrées
étant attachées aux ficelles du cerceau, l'Ouvrier accroche le cerceau à un
des bras de la romaine, & le place au-dessus de la poële; puis avec la
cuiller, il prend de la cire en fusion, & en verse du haut en bas des meches pour les couvrir les unes après les autres, ainsi que les ferrets; il les
tourne ensuite en saisissant avec les deux doigts de la main gauche chacune
des ficelles, afin que les meches soient également chargées de cire dans toute
la circonférence, & que ces meches soient bien exactement placées dans
le milieu de la bougie; puis faisant tourner le cerceau avec le troisieme
doigt de la même main, il fait en sorte que la meche sur laquelle il verse
de la cire, se trouve au-dessus du milieu de la poële. Il continue cette
même opération jusqu'à ce que toutes les meches d'un cerceau soient assez
recouvertes de cire, pour que le bout qui est en bas soit presque
parvenu à la grosseur que doit avoir la bougie qu'on se propose de faire,
c'est-à-dire, que si l'on veut faire de la bougie des quatre à la livre, il faut
jetter une assez grande quantité de cire pour que sept ou huit de ces bougies, à moitié faites, pesent ensemble une livre: c'est au coup d'œil que
l'Ouvrier connoît s'il approche du poids convenable; car comme il y a
beaucoup de cire à ôter au haut & au bas des meches, il ne seroit pas possible de connoître, en les pesant, si elles sont plus ou moins chargées de
cire qu'il ne convient.

§. XXXVII. *Du Travail sur la table.*

Lorsque l'Ouvrier qui jette, présume que la bougie est parvenue à la moitié de son poids, il détache le cerceau de la romaine pour l'accrocher à côté
de la table, où un autre Ouvrier tire les bougies, & les met dans un drap
plié en plusieurs doubles ou dans le lit, afin qu'elles ne se refroidissent

CIRIER. R

pas; enfuite il en retire une qu'il met devant lui fur la table qu'il a eu foin de mouiller; il roule cette bougie, & il l'arrondit; lorfqu'il en a roulé cinq ou fix, un troifieme Ouvrier qui a pareillement mouillé la table devant lui, prend ces mêmes bougies; & prenant de fa main droite le *Couteau à ferrets*, qui a environ un pied de long fur quatre pouces de largeur, & qui a deux bifeaux, il coupe environ un pouce de cire pour découvrir les ferrets; puis quittant le couteau, il retire les ferrets avec la même main, & tient de la main gauche le corps de la bougie: pour lors, le coton du haut des meches, qu'on appelle le *Collet de la Bougie*, paroît, & fe trouve auffi propre que s'il n'avoit point approché de la cire.

Les ferrets étant retirés, le même Ouvrier prend de la main droite le *Couteau à tête* qui n'a qu'un feul bifeau, puis après avoir égalé les lumignons ou anfes de ces cinq ou fix bougies, il les tourne fur la table avec le plat de fa main gauche; il appuie le couteau de la main droite, & en l'inclinant peu-à-peu fur fa gauche, il coupe environ un demi-pouce de cire, pour former la tête en cône, & découvrir le collet de la bougie.

Lorfque l'Ouvrier a fini de rouler les bougies d'un cerceau, il prend celles dont on a fait les têtes; & après avoir arrangé dans fa main gauche cinq de ces bougies, il met à côté la *Mefure* qui eft faite d'un morceau de bois garni aux deux bouts d'une virole d'argent, & non de cuivre qui verdiroit les bougies; & prenant de la main droite des cifeaux femblables à ceux des Tailleurs, il coupe par le bas la cire & la meche qui excede cette mefure; c'eft ce qu'on appelle *rogner*. Enfuite le même Ouvrier pefe les bougies, & avertit celui qui jette fi elles font de poids ou non.

Lorfque toutes les bougies d'un même cerceau ont été rognés, l'Ouvrier les met fur une feuille de papier qu'il étend fur une planche, afin de les fécher; parce que pour rouler & faire les têtes des bougies, il faut que la table foit mouillée, fans quoi la cire s'y attacheroit. Il faut que toutes les operations dont je viens de parler fe faffent fucceffivement & promptement, afin que les bougies confervent affez de chaleur pour pouvoir être travaillées; car fi la cire étoit froide, elle s'éclateroit, & on ne pourroit plus la travailler.

Ainfi pendant qu'un Ouvrier jette la cire fur le fecond cerceau, un autre roule les bougies du premier, & un troifieme fait les têtes; puis celui qui a roulé, coupe les bougies de longueur, & celui qui a fait les têtes accroche de nouvelles meches à un autre cerceau; par ce moyen ces trois Ouvriers travaillent fans interruption, chacun eft occupé à une opération différente, & ils fe fourniffent mutuellement de l'ouvrage.

Il faut que l'ouvrier qui jette les bougies, ait une grande attention à ce que fon feu ne fonde pas trop de cire à la fois; car s'il y en avoit une trop grande quantité de fondue, elle rouffiroit, & en employant de belle cire, il feroit de la bougie qui ne feroit pas d'un beau blanc.

Il eſt donc néceſſaire, comme nous l'avons déja dit, en parlant des cierges, qu'il y ait au fond de la poële des pains de cire qui ne ſoient pas fondus ; & c'eſt pour cela que l'Ouvrier en jette de temps en temps une poignée dans la poële, ſuivant que ſon feu eſt plus ou moins ardent. Le travail que nous venons de détailler eſt ce que l'on appelle *commencer les bougies*.

Trois Ouvriers peuvent commencer quatre cents livres de bougie par jour ; & cinq en commencer ſix cents, en jettant à deux poëles, & en travaillant trois ſur la table.

§. XXXVIII. *Comment on finit les Bougies.*

Pour finir les bougies, on fait uſage de cerceaux garnis de petits crochets de fer dans leſquels on paſſe les collets des bougies commencées, & pendant qu'on exécute ce travail, on fait fondre de la cire dans la poële. Lorſqu'il y en a une certaine quantité de fondue, un Ouvrier jette les bougies ainſi accrochées, juſqu'à ce qu'elles ſoient parvenues à la groſſeur convenable ; pour lors il en décroche quatre, s'il fait des bougies des quatre à la livre ; il les met dans une balance, & juge ſi elles ſont de poids ; ſi elles ſont trop légeres, il leur donne un demi ou un quart de jet, c'eſtà-dire, qu'au lieu de jetter la cire ſur la tête de la bougie, il ne la jette qu'à la moitié ou au quart. Il peut d'autant mieux ſe régler ſur le poids, qu'il n'y a ordinairement à ôter pour la *rogne* que quatre ou ſix gros de cire par livre ; ainſi que nous l'expliquerons dans la ſuite.

La bougie étant parvenue à ſa groſſeur, & par conſéquent d'un poids au-deſſus de celui qu'elle doit avoir, le Jetteur décroche le cerceau de la romaine pour le mettre à côté de la table : un autre Ouvrier en ôte les bougies, & les met dans une eſpece de lit fait avec un drap plié en pluſieurs doubles ; puis en en retirant une, & la mettant devant lui ſur la table qu'il a eu ſoin de mouiller, il l'égaliſe du haut, du bas & du milieu avec le rouloir qu'il appuie plus ou moins, ſuivant qu'il ſent que la bougie eſt plus ou moins groſſe d'un bout que d'un autre, & il la finit par un ſeul coup de rouloir qui la liſſe. *Liſſer* une bougie, c'eſt la rendre bien unie dans toute ſa longueur.

Lorſqu'il a liſſé cinq ou ſix bougies, un autre Ouvrier les prend & les arrange ſur la même table ; puis mettant à côté la meſure, & prenant de la main droite le couteau à rogner (¹), il poſe ſa main gauche ſur les cinq ou ſix bougies pour les faire tourner ſur la table ; & appuyant le tranchant du couteau ſur la partie des bougies qui excede la meſure ; il retranche toute la cire qui excede cette meſure ; c'eſt ce qu'on appelle *rogner les bougies*, & l'on nomme *rogne* les petits bouts de cire qui ont été coupés ; enſuite en appuyant le plat du couteau contre le cul des bougies, c'eſt-

(¹) Les Ouvriers diſent *à rogne*, parce qu'ils appellent *rogne*, ce qu'on appelle *rognûres*.

à-dire, le deſſous du bout qui entre dans la bobeche), il les tourne de la main gauche pour les unir & couvrir le bout de la meche qui pourroit ſe trouver à découvert.

La bougie ainſi faite, le même Ouvrier imprime au cul de ces bougies la marque de la Manufacture; il met auſſi-tôt cette bougie dans une grande auge remplie d'eau, afin qu'elle ſe refroidiſſe ſans perdre ſa rondeur, ce qui arriveroit ſi on la laiſſoit deſſus la table, parce que la bougie ſortant des mains de l'Ouvrier, eſt encore chaude.

La bougie étant bien refroidie dans l'eau, on la retire pour la mettre dans une caiſſe de bois dont le fond eſt percé de pluſieurs trous pour laiſ-ſer écouler l'eau qui reſte attachée aux bougies. On met cette caiſſe ſur une eſpece de civiere qui ſert à la porter aux quarrés ou aux toiles.

Les Ouvriers qui ont porté les bougies aux quarrés, les retirent de la caiſſe pour les poſer ſur les toiles où ils les arrangent à côté les unes des autres; ſuivant la ſaiſon & le temps qu'il fait, on les y laiſſe trois, quatre, ſix ou huit jours, expoſées à l'air, quelque temps qu'il faſſe : cependant dans les grandes chaleurs de l'été, on a ſoin de les arroſer deux ou trois fois pendant la gran-de ardeur du ſoleil, afin de les rafraîchir, empêcher qu'elles ne ſe collent les unes contre les autres, & conſerver le liſſé qui fait leur éclat.

Les quarrés & les toiles où l'on arrange les bougies ſont de la même forme que ceux qui ſervent à blanchir la cire, ſi ce n'eſt que les quarrés ſont plus étroits, & que les toiles n'ont point de rebords, parce que les vents ne peuvent être aſſez violents pour enlever la bougie. Les quarrés pour les bougies n'ont ordinairement que trois pieds & demi de largeur, & leur longueur eſt proportionnée au terrein dont on peut diſpoſer.

Lorſque les bougies ont été expoſées à l'air un temps convenable, on les releve de deſſus les toiles, on les met dans une caiſſe poſée ſur une civiere, & on les porte dans le laboratoire pour y être empaquetées. On doit obſerver qu'il ne faut jamais lever des bougies de deſſus les toiles, quelles n'ayent été mouillées; car ſi elles ne l'étoient pas par la roſée ou par la pluie, il faudroit les arroſer, ſans quoi elles s'écorcheroient en ſe frottant les unes contre les autres.

§. XXXIX. *Comment on plie les Bougies.*

On étend une nappe ſur une longue table devant laquelle cinq Ou-vriers ſe placent aſſis; on garnit de bougies un des bouts de cette table; & l'Ouvrier qui eſt à côté, ayant à la main une ſerviette de toile élimée, prend les bougies une à une, les frotte dans toute leur longueur pour en ôter l'humidité, & les poſe enſuite ſur la même table à ſa gauche. Lorſqu'il en a eſſuyé quatre (ſi ce ſont des quatre à la livre qu'on plie); le ſecond Ouvrier les prend, il les met dans la balance pour les *alivrer*,

c'eſt-à-dire,

c'eſt-à-dire, pour que les quatre bougies peſent une livre. Si elles ſont trop fortes, il retire de la balance celle de ces bougies qui lui paroît plus groſſe, & en cherche une autre plus menue parmi celles qui ont été eſſuyées; il la met dans la balance; & après avoir trouvé le poids juſte, il retire de la balance les quatre bougies pour les mettre ſur la table à ſa gauche, où un troiſieme Ouvrier qui tient une ſerviette élimée, prend l'une après l'autre les quatre bougies, les frotte pour ôter les moindres petites ordures qui pourroient s'y trouver attachées; & à meſure qu'elles ſont frottées, il les poſe comme les autres, à ſa gauche: lorſqu'il y a quatre bougies eſſuyées une ſeconde fois, un quatrieme Ouvrier les met en *bandes*; un cinquieme les enveloppe dans une feuille de papier, & lie le paquet avec une ficelle.

On appelle *mettre en bandes*, réunir le nombre des bougies qui doit faire une livre, avec des bandes de papier, larges de deux doigts. On met ſur les bougies une bande de papier blanc pour qu'elles ne ſoient point tachées par le duvet du papier de couleur; on recouvre la bande de papier blanc d'une autre de papier bleu qui ſert à faire valoir la blancheur de la cire; & on arrête cette ſeconde bande avec quelques tours de fil retors, ou plus ordinairement avec un fil de coton.

Ces deux bandes de papier ſervent à les contenir & à les empêcher de frotter les unes contre les autres, ce qui arriveroit dans le tranſport, ſi l'on ſe contentoit de les envelopper d'une feuille de papier.

Il faut avoir attention que le papier dont on ſe ſert pour former les paquets, ſoit bien collé; ſans cette précaution, le petit velu du papier qui s'attacheroit à la bougie, feroit capable de la faire couler lorſqu'elle brûle. Il eſt bon auſſi que le papier d'enveloppe ne ſoit pas trop blanc; car la blancheur de la plus belle cire, n'eſt jamais comparable à celle du papier. Il eſt ſuperflu d'avertir que ce que nous avons dit ſur le nombre & la diſtribution des Ouvriers ne peut avoir lieu que dans les grandes Fabriques, comme celle de M. Trudon: dans les petites Manufactures, un ou deux Ouvriers peuvent exécuter ſucceſſivement ces différentes opérations.

Ce que nous avons dit ſur la fabrication des bougies ne concerne que celles dont on fait uſage dans les appartements; celles que l'on appelle *Bougies d'Huiſſiers*, ſe font différemment. Ces bougies ſe nomment ainſi, parce que ce ſont les Huiſſiers des appartements du Roi, qui les portent lorſque Sa Majeſté paſſe d'un appartement dans un autre.

§. XL. *Des Bougies d'Huiſſiers.*

Ces ſortes de bougies ſont quarrées, pointues par le haut, & groſſes par en bas.

Pour les fabriquer, on jette la cire ſur les meches de haut en bas, juſqu'à

ce qu’elles foient à leur groffeur. Et comme ces bougies doivent être coniques ainfi que les cierges, on ne les retourne pas; on ne les met point
en ferret comme les bougies cylindriques; mais on les jette comme les cierges.
Quand elles font parvenues à leur groffeur, on les met fur le lit, & on les
roule comme les autres bougies.

Lorfqu’un Ouvrier en a roulé une, un autre Ouvrier la tire devant lui,
& forme deffus, de haut en bas, quatre cannelures avec le même gravoir
dont nous avons donné la defcription en parlant des cierges de Pâques.
Ces bougies ainfi cannelées reffemblent à quatre cierges foudés enfemble :
elles n’ont qu’une meche.

Pour former les cannelures, un Ouvrier tient le gravoir de la main droite;
puis l’appuyant & le tirant de gauche à droite le long de la bougie, couchée fur la table, & qu’il tient ferme de la main gauche, il trace une
cannelure dans la cire, après quoi il tourne la bougie, pour en former
une feconde, & ainfi des quatre côtés.

Lorfque ces quatre cannelures font tracées, il repaffe fon gravoir dans
chacune, jufqu’à ce qu’elles foient égales de largeur & de profondeur ;
puis il rogne la bougie pour la mettre à la longueur qu’elle doit avoir ;
enfin on porte ces bougies fur les toiles pour leur faire prendre le plus
beau blanc poffible.

§. XLI. *Obfervations fur les Bougies.*

1°, Nous avons dit qu’il n’eft pas poffible de faire fondre de la cire
fans qu’elle ne prenne un peu de roux, que les Ciriers appellent *coup
de feu*; que c’eft pour cette raifon que chaque fois que l’on fait des ouvrages en cire blanche, il faut les expofer au grand air pour diffiper la
couleur rouffâtre que la cire prend inévitablement en fondant. C’eft pourquoi ceux qui font travailler dans les villes, & qui n’ont point de grands
jardins pour y mettre fur des toiles, & expofer à l’air leurs ouvrages, ne
peuvent les faire auffi beaux que ceux qui les font travailler à la campagne.

Ceux qui travaillent dans les villes, n’ayant pas d’emplacement pour
mettre les bougies fur les toiles; ils les pendent à des cerceaux d’étalage;
ils en placent plufieurs les unes au-deffus des autres, en forte que ceux
d’en bas étant plus petits, le tout enfemble forme comme un cul-de-lampe :
mais les bougies reçoivent fur les toiles plus de foleil qu’à ces étalages, outre que l’air de la campagne eft toujours plus pur que celui des villes.

2°, Quoique nous ayons affez amplement parlé des meches; comme cet
article eft très-important, nous croyons devoir en parler encore.

S’il étoit poffible de trouver des cotons filés d’égale groffeur, il feroit
aifé de déterminer le nombre de brins qu’il faudroit pour former la meche
de chaque efpece de bougie; mais comme on ne peut en trouver d’auffi

parfaits, il faut qu'un Entrepreneur de Manufacture, qui tend à perfec-
tionner fon Art, brûle quantité de bougies pour parvenir à connoître fi
la meche eft proportionnée à la groffeur requife; & comme c'eft de la
qualité du coton & de la proportion de la meche, que dépend en partie
la bonté de la bougie, nous croyons qu'on ne peut pas employer de trop
beau coton, & qu'il ne faut rien épargner, foit pour l'achat & le devidage
du coton, foit pour éplucher les meches. C'eft dans cette vue que M. Trudon fait tailler fes meches par des Ouvrieres qu'il paye en confcience, &
qui ne font employées qu'à ôter, avec tout le foin poffible, les ordures &
les fils où il fe trouve des nœuds, ou les fils de coton qui font plus gros
en certains endroits qu'en d'autres.

Il feroit à defirer que l'on pût trouver le moyen de faire filer le coton
très-également; c'eft-à-dire, que les brins filés par un même Ouvrier fuffent d'une même groffeur dans toute leur longueur; pour lors les meches
feroient bien égales, & on pourroit les proportionner plus aifément à la
groffeur des bougies.

3°, Pour connoître fi la meche d'une bougie eft bien proportionnée, il
faut en allumer une; & lorfqu'il y en a environ un demi-pouce de confumé
au-deffous de la tête, elle doit former un godet un peu creux & rond; ce
godet ne fe forme pas d'abord, parce que la tête de la bougie étant en
pointe, & la cire en petite quantité, on ne peut juger de la bonté de
la meche qu'après que cette partie a été confumée.

4°, Quand on allume une bougie avec une chandelle, il faut avoir attention que la bougie ne touche pas au fuif; car s'il en tomboit une feule goutte
dans le godet, la bougie fentiroit l'odeur du fuif jufqu'à la fin: ainfi le
mieux eft de préfenter la bougie à la chandelle. Bien des gens qui ne feroient
pas prévenus qu'une feule goutte de fuif fuffit pour donner une mauvaife
odeur à la totalité d'une bougie, pourroient accufer les Ciriers d'avoir mis
du fuif dans leur cire, pendant que le défaut ne dépendroit que du peu
d'attention de celui qui l'auroit allumée.

5°, Les obfervations ci-deffus ne peuvent avoir lieu que pour les bougies
faites avec de la cire pure, & dont les meches font faites avec la plus grande
attention: elles ne peuvent regarder les bougies faites avec des cires où il
entreroit de l'alliage, & dont les meches feroient à peine bonnes pour
être employées à des chandelles.

6°, La cire la plus blanche & la plus belle, ne doit pas être gardée plus
d'un an: au bout de ce temps, fa blancheur fe ternit, & plus on la garde,
plus elle devient jaune & farineufe, quelque bien empaquetée qu'elle foit.
Pour conferver la bougie, il eft bon de la tenir dans une armoire placée
dans un endroit qui ne foit ni trop fec ni trop humide, mais fur-tout où il

n'y ait point de poële, ni de fumée, ni près d'un tuyau de cheminée où l'on fait du feu ; car dans de pareils endroits elle ne conferveroit pas fon beau blanc, même pendant une année.

7°, La bougie n'eft bonne à brûler que fix femaines ou deux mois après qu'elle a été fabriquée, parce que chaque fois que l'on fond de la cire, & qu'on la met en œuvre, elle jette une efpece de petite farine que l'on appelle *fleur*, qui ternit la fuperficie de la cire ; mais en frottant la bougie avec une ferviette élimée, avant de la mettre dans les flambeaux, on enleve cette fleur, & on lui rend fon brillant.

8°, Quoique la bougie anciennement faite, ait perdu un peu de fon blanc, elle brûle auffi bien que celle qui eft plus nouvelle.

9°, Le Lecteur a, fans doute, remarqué que depuis le travail du blanchiffage, jufques & compris celui de la fabrication des bougies, la cire refte prefque toujours dans l'eau ; cependant je crois qu'il eft bon de l'inftruire qu'il ne faut pas qu'il y refte (je ne dis pas une feule goutte d'eau), mais même la moindre humidité ; car pour peu qu'il y en eût, elle s'attacheroit à la meche, la feroit pétiller, & même l'éteindroit s'il y en reftoit trop.

10°, Comme la bougie, pour bien brûler, doit former un godet, il en réfulte que quand on porte une bougie allumée d'un endroit dans un autre, elle doit néceffairement couler. La raifon eft que l'on ne peut la tranfporter, fans que l'air n'en agite la flamme, laquelle frappant fur les bords du godet qui font très-minces, elle fait fondre plus de cire que la meche n'en peut confumer, & par conféquent cette cire fondue fort du godet & s'écoule.

11°, Quelques-uns prétendent qu'on doit tremper les meches dans l'efprit-de-vin, avant de les mettre à l'étuve : quant à moi, je crois que cette opération fait aux meches plus de mal que de bien ; parce que, comme il y a peu d'efprit-de-vin fans flegme, le coton qui eft fpongieux s'en imbibe ; & lorfqu'on en fait ufage, il faut chauffer davantage l'étuve pour fécher les meches, ce qui détruit le velouté du coton, le durcit & le fait mal brûler : peut-être, dira-t-on, qu'il ne faudroit pas paffer ces meches à l'étuve, & les imbiber d'un efprit-de-vin rectifié à plufieurs fois. A cela je réponds, que fi l'on faifoit ufage d'un efprit-de-vin rectifié au point qu'il n'y reftât plus de flegme, il s'évaporeroit entiérement avant que la meche fût recouverte de cire. M. Trudon a éprouvé qu'une meche de coton étant imbibée d'efprit-de-vin très-rectifié, & recouverte fur le champ de cire, cette meche s'altéroit d'elle-même dans la cire, au point qu'au bout de trois ou quatre mois, on voyoit, dans l'intérieur de la bougie, les fils de la meche fans liaifon entr'eux, & fans adhérence les uns aux autres ; d'où l'on doit conclure que c'eft une mauvaife pratique de plonger les meches dans l'efprit-de-vin.

12°, Comme le cerceau qui tient lieu de la romaine eft établi fort bas, il y a

des

dès Ciriers qui s'asseyent pour jetter les bougies ; mais la plupart se tien-nent debout, comme quand il est question de jetter les cierges, ce qui permet de faire les poëles plus grandes ; & nous avons remarqué plus haut que le travail s'en faisoit mieux.

13°, Il y a peu de bougies dont la cire intérieure soit de même qualité que la cire extérieure. Beaucoup de petits Fabricants font les premiers jets avec de la cire commune, & ils finissent avec de belle cire. Les couches intérieures de cire sont même quelquefois alliées de suif, ce qui oblige de moucher les bougies aussi souvent que les chandelles de suif, & cet alliage leur fait répandre une très-mauvaise odeur, quand on les éteint. Il ne faut pas qu'il y ait beaucoup d'alliage dans la cire intérieure, lorsqu'on veut la recou-vrir de cire pure : ces deux especes de cire ne se réuniroient pas bien, & elles pourroient se séparer sous le rouloir. Dans les bonnes Fabriques où l'on n'emploie point de cire alliée pour les bougies, on réserve toujours la cire la plus parfaite & la plus blanche pour les derniers jets. Dans ce cas celle qui touche immédiatement la meche, quoiqu'un peu moins parfaite pour la vivacité du blanc, est néanmoins une cire pure & bonne pour l'usage. D'au-tres Fabricants emploient les cires moins blanches pour l'intérieur des cierges ; & leurs bougies sont commencées & finies avec la même cire, comme je l'ai vu pratiquer à Antony.

14°, On fait des bougies de table ou d'appartement de différentes gros-seurs & longueurs : il y en a des 4, des 5, des 6, des 8, des 10, des 12 & des 16 à la livre.

§. XLII. *Des marques qui font connoître la bonne qualité de la Cire en pains, & celle des Bougies, ainsi que des Cierges.*

IL EST juste de mettre en état ceux qui achetent de la cire en pains ou celle qui été déja employée à différents ouvrages, de connoître leurs bonnes ou mauvaises qualités. Mais il convient aussi pour la justification des Propriétaires des bonnes Manufactures, de les mettre à couvert des repro-ches qu'on pourroit leur faire sur quelques défauts qui ne dépendent point d'eux, mais du peu de soin de ceux qui font usage des bougies.

Nous avons recommandé aux Ciriers de choisir de très-beau coton pour faire la meche de leurs bougies ; nous avons dit qu'une meche trop me-nue ne consumant pas assez de cire, il s'en amasse beaucoup de fondue dans le bassin, ce qui les expose à couler ; & que si les meches sont trop grosses, le bassin ne se formant pas, la cire fondue regorge, & la bougie coule. Le principal défaut des meches est qu'il s'y forme un champignon, & qu'on est obligé de les moucher comme la chandelle. La perfection de la bougie est donc qu'il se forme autour de la meche un godet au fond duquel il doit se trouver très-peu de cire fondue ; & l'intérieur du godet doit être

CIRIER. T

presque sec. Cette proportion entre la grosseur de la meche & celle de la bougie ne se peut connoître que par l'usage ; & comme nous avons dit que les cotons mal filés qui sont d'inégale grosseur, & qui contiennent des saletés, font de mauvaises meches, il faut que celui qui achete des bougies s'attache à examiner, par l'inspection du lumignon, quelle est la qualité de leur meche. Mais aussi il ne faut pas toujours attribuer à la mauvaise qualité du coton, ni à la disproportion de grosseur des meches, le défaut de couler ; puisque nous allons faire voir qu'il est inévitable dans certaines circonstances.

Le coton, en brûlant, fait nécessairement de la cendre : si la bougie brûle dans un lieu vaste où l'air soit tant soit peu agité, une partie de cette cendre se dissipe, & on est dispensé de moucher ; mais si l'on brûle une pareille bougie dans une chambre resserrée, bien close, & où il y a un grand feu ; comme l'air qui y est tranquille, ne peut emporter cette cendre, elle reste au bout du lumignon, elle s'y amasse ; & lorsqu'il y en a une certaine quantité, elle tombe dans le godet de la bougie, elle s'attache à la meche ; & après s'être imbibée de cire, elle se joint à la flamme, prend feu, & fait alors couler la bougie.

Il y auroit de l'injustice à attribuer aux Ciriers ce defaut, puisqu'il seroit facile de l'éviter si on vouloit se donner la peine de jetter cette cendre avec une épingle, une ou deux fois seulement dans une soirée.

La bonne bougie, qui n'est cependant point à l'abri du défaut dont nous venons de parler, ne doit jamais être mouchée ; elle coule même infailliblement si on la mouche trop court : s'il se forme au haut de la meche un petit champignon qui peut venir de quelques brins de coton qui se trouvant un peu plus gros dans un endroit que dans un autre, soutiennent le lumignon droit au milieu de la flamme, ou de quelque ordure qui se sera attachée à la meche, on verra ce champignon se dissiper à l'instant, si l'on incline un peu la bougie ; ou si on préfere de la moucher, il ne faut couper que la pointe de la meche, afin de ne retrancher que le champignon qu'on ne doit regarder que comme accidentel.

On éviteroit encore que les bougies ne coulassent, si on ne se servoit pas d'éteignoirs qui font tomber la cendre dans le godet de la bougie ; quelquefois en retirant l'éteignoir, on casse le lumignon : dans ces deux cas, les bougies coulent infailliblement lorsqu'on les rallume. Il est donc plus convenable de les souffler, afin que le vent emporte la cendre hors du bassin ; & quand le coton est de bonne qualité, le lumignon qui s'éteint promptement, se conserve dans sa longueur ; alors la bougie ne coule point lorsqu'on la rallume. Il y a des cotons dont le lumignon s'éteint totalement aussi-tôt que la flamme est soufflée ; mais quand il arrive que le feu se conserve dans un lumignon, il se consume jusqu'au niveau de la cire, & cela empêche de la rallumer. Il y a des perfonnes attentives qui éteignent ce charbon en pofant deffus un peu de cire qui l'éteint fur le champ ; mais fouvent en rallumant ces bougies, il fe forme un champignon au bout de la meche.

Il eft encore bon d'obferver pour la juftification des Ciriers, qu'une bougie pofée fur une table, dans un courant d'air ou vis-à-vis d'une cheminée, ne peut manquer de couler ; parce que le feu attirant l'air de l'appartement, la lumiere de la bougie qui refte toujours inclinée d'un côté, dérange l'uniformité du baffin, & cela fait couler la bougie. D'ailleurs la chaleur du feu attendrit la cire du côté qui y eft expofé, & la bougie fe confume inégalement. Quand les bougies coulent par quelques-unes des caufes que je viens de rapporter, il ne faut pas alors s'en prendre au Cirier. De plus toute efpece de bougie doit couler quand on la tranfporte d'un lieu à un autre, parce que la cire fondue qui eft contenue dans le baffin, fe répand dans le tranfport, & la forme du baffin fe trouve dérangée par la flamme qui fe porte plus d'un côté que d'un autre.

La bonne cire doit être d'un blanc clair, un peu bleuâtre, & fur-tout tranfparente : les cires alliées de graiffe peuvent être fort blanches, mais d'un blanc mat & farineux ; on n'y trouve point, quand on les touche, la féchereffe de la cire pure ; elles ne font point tranfparentes, elles ont une mauvaife odeur qui fe fait fentir, fur-tout lorfqu'on éteint les bougies dont elles font faites.

Quand on mâche un morceau de cire pure, il ne doit avoir aucun mauvais goût, ni s'attacher aux dents ; dans les cires alliées de fuif, on y trouve un goût de graiffe, & celles qui font mêlées de quelques réfines tiennent aux dents.

Un moyen fûr pour connoître fi la cire eft alliée de graiffe, eft d'en faire tomber une goutte fondue fur un morceau de drap : lorfqu'elle eft bien refroidie & figée, on verfe deffus un peu d'efprit-de-vin, puis en frottant l'étoffe, la cire doit fe détacher entiérement ; & quand l'humidité de l'efprit-de-vin eft diffipée, il n'y doit refter aucune tache. Il faut auffi rompre les bougies pour connoître fi la cire intérieure eft de même qualité que celle de deffus.

Nous allons reprendre la fuite du détail des différents ouvrages que font les Ciriers.

§. XLIII. *Maniere de faire les petites Bougies d'un denier.*

A voir les petites bougies que l'on vend aux portes des églifes, on croiroit volontiers qu'elles font des portions d'un pain de bougie filée dont nous parlerons dans peu ; mais comme il faut qu'elles ayent chacune une partie de leur meche qui ne foit point recouverte de cire, on les jette de la même maniere que les bougies d'appartement ; & pour cela on accroche à la circonférence des cerceaux à crochets de petites meches, formées de deux feuls brins de gros coton, pliés en deux & tortillés les uns fur les autres, & on les charge de cire par un feul jet. C'eft pourquoi on prépare un nombre de cerceaux garnis de meches, afin d'en jetter tout de fuite un grand nombre, pendant que la cire eft en fufion. On fe doute bien que ces bougies font faites avec la cire commune refondue & fort alliée; & leurs meches avec du gros coton ou du fil de Guibray.

§. XLIV. *Des Bougies de veille ou de nuit.*

Sous cette dénomination on comprend deux efpeces de bougies; l'une connue fous le nom de *Mortier*, & l'autre fous celui de *Bougie de nuit.*

§. XLV. *De la Bougie en mortier.*

Pour faire des mortiers, on commence par former une pelotte compofée de plufieurs brins de fil dont l'Ouvrier détermine la quantité fuivant la groffeur du fil qu'il emploie, & le nombre de mortiers qu'une livre de cire peut fournir. Lorfque la pelotte eft à la groffeur que l'on defire, l'Ouvrier paffe la meche à la filiere, pour l'imbiber de cire (on trouvera l'explication de ce travail, dans l'article où il fera queftion de la bougie filée). Il coupe cette meche par bouts d'une longueur proportionée à la hauteur des mortiers qu'il fe propofe de faire. Lorfque les meches font coupées, on fait fondre de la cire dans une poële, & pendant qu'elle fond, on arrange fur une table les moules (*Pl. VI, fig.* 17) qui font ordinairement de fer blanc; puis après avoir trempé dans de l'huile un morceau de linge attaché au bout d'un petit bâton, l'Ouvrier en frotte intérieurement les moules les uns après les autres; afin que les mortiers, lorfqu'ils font froids, fe détachent plus aifément du moule. La bougie moulée n'a jamais le luifant de celle qui eft roulée: l'huile lui donne une impreffion de gras qui eft défagréable à la vue.

Il n'y a donc que cette efpece de bougie qui foit moulée; & parce que la cire pourroit s'attacher aux moules, on les fait beaucoup plus larges par le haut que par le bas; comme elles font fort courtes, cela leur donne la forme d'un petit mortier *a* (*fig.* 17).

Les moules étant ainfi frottés d'huile, & arrangés fur une table, l'Ouvrier prend, avec une cuiller, de la cire en fufion, & les remplit, après quoi il prend une meche qu'il place dans le milieu de la cire; mais il doit la pofer de façon qu'elle touche au fond du moule, qu'elle refte droite, & qu'elle excede par le haut d'environ un demi-pouce, pour donner la facilité de l'allumer. Lorfque la cire eft affez figée, on retire le mortier de dedans fon moule, & on l'arrange fur la table pour le laiffer refroïdir tout-à-fait; lorfque tous les moules font vuidés, on les frotte de nouveau d'huile, &

on

on les remplit de cire. Après que tous les mortiers qu'on s'étoit proposé de faire, ont été tirés des moules, on les porte fur les toiles pour les expofer à l'air.

On fait ces mortiers de différentes grandeurs. J'en ai vu de quatre pouces de hauteur fur trois pouces de diametre par le haut, & deux & demi par en bas.

Pour faire ufage de ces mortiers, il faut avoir un autre moule d'argent ou de fer-blanc, dans lequel on place le mortier de cire, & on le met enfuite dans un vafe avec de l'eau fraîche: ces mortiers durent plus ou moins de temps, fuivant leur groffeur & celle de la meche.

On fait des mortiers qui ont de groffes meches; & qu'on met dans des lanternes pour éclairer les antichambres, ce qui dépenfe beaucoup moins que les luftres garnis de bougies; mais auffi le fort de la lumiere de ces mortiers fe porte au plancher, & le lieu n'eft éclairé que par réflexion.

§. XLVI. *Des Bougies de nuit qu'on met dans l'eau.*

On fait les meches de ces bougies à la filiere, comme celles qu'on emploie pour les mortiers; mais on choifit le plus beau fil de Cologne, & le plus fin: quand les meches ont été chargées de cire, on les coupe par bouts d'environ quatre pieds.

Ces meches s'accrochent autour du cerceau en tournant le bout de la meche deux fois fur le crochet. Lorfqu'il y a de la cire fondue dans la poële, l'Ouvrier en jette fur les meches comme s'il faifoit des bougies d'appartement; & quand elles font à la moitié de leur groffeur, il coupe avec un couteau ordinaire le bout de la meche qui tient au crochet, & il met les bougies fur une table. Alors, avec un petit couteau de bois, il coupe par le bas environ trois pouces de cire pour découvrir la meche; il retourne ces bougies, il les accroche de nouveau au cerceau par le plus gros bout, & il recommence à jetter de la cire fur ces bougies, jufqu'à ce qu'elles aient acquis la groffeur qu'elles doivent avoir: le Jetteur s'affure de leur poids en les mettant dans une balance.

Les bougies étant parvenues à leur groffeur, l'Ouvrier coupe avec un couteau de fer le haut des meches qui font accrochées au cerceau; & à mefure qu'il détache les bougies, il les met dans un lit pour en raffermir la cire, afin de pouvoir les travailler enfuite fur la table.

Ces bougies étant à un degré convenable de chaleur, pour être travaillées, un Ouvrier en pofe fix fur la table qu'il a eu foin de mouiller; il les roule ainfi que les bougies d'appartement; un autre Ouvrier les reprend enfuite, & les coupe de la longueur convenable & proportionnée à la quantité qu'il en faut pour former le poids d'une livre. Car quoique les bougies de veille foient de différente groffeur, il faut de plus qu'elles foient de différente longueur.

CIRIER.   V

Comme nous avons dit que les meches avoient environ quatre pieds de longueur, & qu'elles ne formoient qu'une feule bougie, il faut les couper à la
longueur que les bougies de veille doivent avoir. Ainfi l'Ouvrier qui a mis
devant lui les fix bougies roulées, prend de la main droite le couteau de
bois à rogner (*Pl. V, fig.* 11), & il l'appuie fur ces bougies, à la diftance
de trois à quatre lignes du bord ; il fait tourner les bougies avec fa main
gauche, & coupe la cire jufqu'à la meche. Pour lors en pouffant fon couteau
de gauche à droite, il découvre le bout des meches, & ne laiffe deffus que
la cire qu'elles ont prife en paffant à la filiere, ce qui n'empêche pas qu'on
ne puiffe les allumer affez aifément.

La bougie ainfi coupée par un bout, l'Ouvrier préfente la mefure ; puis
prenant de la main droite un couteau dont la lame eft de fer (*Pl. V, fig.* 13),
après l'avoir frotté de favon mouillé, il appuie le tranchant fur les fix
bougies, & les faifant rouler fur la table avec la main gauche, il coupe la
cire & les meches, après quoi les bougies font faites : on répete cette
opération, qui confifte à enlever d'abord un petit anneau de cire pour former
la meche, & enfuite à couper les bougies de longueur, jufqu'à ce que
toute la longueur des bougies roulées, foit réduite en d'autres petites bougies. Trois Ouvriers font employés à cette opération ; favoir, celui qui eft
à la poële & qui jette fans ceffe ; le fecond qui roule fur la table ; le troifieme qui forme les lumignons ou collets, & qui coupe les bougies de
longueur.

Le couteau de fer (*Pl. V, fig.* 13), eft d'une forme ordinaire. Sa lame
a environ huit pouces de long, dont les deux bouts du côté du tranchant
font garnis d'un petit bouton de fer qui excede d'environ deux lignes ;
ces boutons empêchent que le tranchant ne porte fur la table, & ne la
gâte.

On frotte le tranchant de la lame fur un morceau de favon mouillé, afin
que la cire ne s'attache pas à la lame, & que les bougies foient coupées plus
nettement.

Auffi-tôt que l'Ouvrier a coupé ces petites bougies, il les met dans une
manne ; & lorfque le travail eft fini, il les porte fur les toiles.

Tout le monde connoît l'ufage de cette efpece de bougies, & fait qu'on
les plonge perpendiculairement dans l'eau avant de les allumer ; ce qui pro-
longe leur durée ; & comme elles font à-peu-près de même pefanteur fpéci-
fique que l'eau dans laquelle elles font plongées, elles s'élevent à mefure que
la cire fe confume, & que leur poids diminue. Ces bougies étant deftinées à
brûler pendant toute la nuit, on proportionne leur longueur à la durée des
nuits d'été ou d'hiver. Les Ciriers ont des mefures pour faire ces fortes de
bougies, depuis 20 jufqu'à 50 & 60 à la livre. Les 20 à la livre durent 10 à
11 heures ; les 32, 9 heures ; les 40, huit heures ; les 50, fix heures, &
les 60, quatre à cinq heures.

§. XLVII. *Des Lampions nommés* Bifcuits.

On appelle *Bifcuits*, des efpeces de lampions dont on fait ufage dans les falles de fpeétacles, pour éclairer le devant des Théâtres. Dans les fpeéta-cles publics, les bifcuits font faits de fuif; mais chez le Roi, & dans les falles particulieres, les bifcuits font en cire. On donne le nom de *Bifcuits* à ces lampions, parce que la cire ou le fuif font fondus dans des moules de fer-blanc qui reffemblent aux moules dans lefquels on fait les bifcuits.

On en fait de deux efpeces; les uns fe nomment fimplement *Bifcuits*, & les autres *Bifcuits à l'eau.*

Ceux qu'on nomme fimplement *Bifcuits*, s'exécutent en fondant de la cire dans des coffrets de fer-blanc de huit à neuf pouces de longueur fur quatre de largeur & un pouce feulement de profondeur. Sur le fond de ce coffret font foudées huit petites douilles de fer-blanc, d'environ quatre lignes de hauteur, dans chacune defquelles on met une meche à lampion avant que de remplir le bifcuit.

Il eft bon, quand ces bifcuits font refroidis, ou lorfqu'on veut en faire ufage, d'écarter un peu le bout de la meche & de l'éfilocher, afin qu'elle puiffe s'allumer plus aifément.

L'ufage de ces bifcuits entraîne de la dépenfe, quoiqu'ordinairement on ne les rempliffe que de cire commune; parce que les meches ne confument pas toute la cire, & que celle qui refte étant noircie, eft prefque perdue; outre cela les douilles font fujettes à fe deffouder, & il faut perpétuellement avoir recours au Ferblantier pour les rétablir, ce qui fait préférer les bif-cuits à l'eau dont nous allons parler.

Les *Bifcuits à l'eau* font plus économiques; ils confument moins de cire, & les coffrets font moins fujets à fe deffouder.

On les fait dans de petits coffrets de fer-blanc remplis d'eau; le deffus des ces coffrets eft percé de trois ouvertures pour recevoir trois petits go-dets de fer-blanc qui plongent dans l'eau: on affujettit avec de la glaife deux meches dans chaque godet, & on les emplit de cire.

§. XLVIII. *Des Bougies filées.*

J'ai dit ci-devant que les meches de ces fortes de bougies pouvoient être faites avec du coton; on emploie même le coton le plus fin pour les bou-gies des lampes de veille: mais pour les autres efpeces de bougies, les meches font communément faites de fil de Cologne ou de Guibray, pour qu'elles puiffent réfifter à la tenfion qu'elles doivent éprouver en les devi-dant d'une bobine ou d'un tour fur un autre, & auffi en paffant dans le petit crochet de la poële, & par les trous de la filiere. Tout ceci devien-dra plus clair dans la fuite.

Le tour pour filer la bougie, confiste en un tambour cylindrique fait de douves écartées les unes des autres d'environ quatre pouces ; aux deux bouts de ce tambour font affemblés deux plateaux de bois mince qui forment un rebord de cinq pouces de hauteur : son axe eft traverfé par un barreau de fer, dont les deux bouts qui forment les tourillons, font arrondis, & reçus dans deux montants de menuiferie qui s'élevent verticalement, & qui font affemblés par en bas dans un patin folide.

A un des tourillons s'ajufte une manivelle qui fert à faire tourner la bobine quand on la charge de la meche couverte de cire ou non. On voit par cette defcription que le tour des Ciriers n'eft autre chofe qu'une groffe bobine que l'on fait tourner avec une manivelle (*Voyez Pl. VII, fig.* 1, 2 & 3, & *B* (*Pl. VIII, fig.* 7).

Il y a des Ciriers qui affemblent le nombre des fils qui doit former une meche, en les devidant en un gros peloton du poids d'une ou deux livres ; & qui tranfportent enfuite cette meche fur la grande bobine que les Ciriers appellent *Tour.* D'autres affemblent d'un feul coup le nombre de fils qui doit former leur meche, en les mettant fur le tour. L'attention qu'on doit avoir eft que tous ces fils foient également tendus, & qu'ils forment un feul faifceau, fans qu'aucun fil fe fépare des autres ; pour cet effet, on tourne lentement la bobine, & l'on fait couler entre les doigts les fils qui doivent former la meche. Suppofons donc un tour ou une bobine chargée d'une longue meche & montée fur fon pied : on le place à un des bouts de l'attelier, & on met à l'autre extrémité un autre tour femblable, mais vuide, *A B* (*Pl. VII, fig.* 3).

On établit entre ces deux tours, ce qu'on appelle le *Travail, D D* (*Pl. VII, fig.* 3) qui eft une table que les Ciriers nomment *Chaife.* Cette table eft foutenue fur des pieds qui ont un peu plus d'un pied de hauteur ; le deffus de cette table a deux pieds & demi de largeur, & trois pieds de longueur ; il eft percé d'un trou ovale pour recevoir une baffine ou poële également ovale, qui, à cette figure près, eft faite comme la poële qui fert à jetter les cierges & les bougies d'appartement. A 8 ou 10 pouces au-deffous du fond de cette poële eft établie, entre les pieds de la chaife, une table *E* de même grandeur que le deffus *F F* de la chaife, & qui lui eft parallele : cette table eft deftinée à porter une poële ou braifiere dans laquelle on met du charbon ardent pour tenir en fufion la cire qu'on met dans la baffine. Ordinairement les côtés de cette chaife font fermés avec des planches, ce qui forme une efpece de coffre qu'on double de tôle, pour éviter les accidents du feu. On place la chaife entre les deux tours, de façon que le grand diametre de la baffine ovale réponde au deux tours ; & c'eft dans cette baffine ou poële fous laquelle il y a du feu, qu'on fait fondre la cire. Au fond intérieur de cette baffine, il y a un crochet de cuivre étamé,

dans

dans lequel on paſſe la meche pour la faire plonger dans la cire fondue.

Il eſt encore néceſſaire de placer ſucceſſivement ſur les deux bords de la longueur de la baſſine, une filiere qui y faſſe retomber l'excès de cire dont la meche s'eſt chargée : cette filiere eſt une plaque de fer ou de cuivre, tantôt ronde, *D* (*Pl. VIII, fig.* 8), tantôt en quarré long, *D* (*Pl. VII, fig.* 6), percée de trous coniques de différentes grandeurs : ils ſont tous numérotés ; parce que la différence des calibres eſt ſi petite, qu'on auroit peine à la recon- noître à la vue ſimple : le plus petit porte le numéro premier. La perfection des filieres conſiſte en ce que les trous ſoient exactement ronds, bien polis, & que leur dégradation ſoit uniforme. Pour établir cette filiere ſur la baſſine, de façon que la cire qu'elle décharge de la meche retombe dedans, on a diſpoſé les bords de cette baſſine en forme d'octogone alongé, (*Pl. VII, fig.* 6) ; & aux angles des grandes faces ou côtés, on a établi quatre pinces de fer qui forment par en bas des chevilles qui entrent dans des trous (*fig.* 4), pratiqués au-deſſus de la table pour les recevoir ; l'autre bout de ces pinces, fait en forme de bec de cane, s'incline ſur la baſſine : c'eſt dans ces becs de cane, qu'on met la filiere, de façon qu'elle eſt ſaiſie par deux de ces pinces ; & on la place ſucceſſivement, ſoit à l'un des bouts, ſoit à l'autre de la baſſine, & on la met toujours du côté du tour que l'on charge, de façon que la partie évaſée des trous regarde le tour que l'on décharge *AD*, (*Pl. VII, fig.* 6).

Pour former la bougie filée, quand la cire eſt en fuſion dans la poële, on y trempe l'extrémité de la meche, & on l'appointit entre les deux doigts pour paſſer ce bout de la meche qui eſt roulée ſur l'un des deux tours, ou qui eſt en pelotton, d'abord par le crochet du fond de la poële, puis dans un des trous de la filiere, un peu plus gros que la meche ; puis on l'atta- che à l'autre tour qui eſt vuide ; enſuite, faiſant tourner le tour vuide, toutes les parties de la meche ſont ſucceſſivement plongées dans la cire en fuſion, elles s'en chargent ; & en traverſant la filiere, elles ſe déchargent de ce qu'elles en ont pris de trop, (*Pl. VII, fig.* 3, & *Pl. VIII, fig.* 7.).

Quand toute la meche ſe trouve devidée ſur l'autre tour, on change la filiere de place ; on la retourne, & on la met au côté oppoſé à celui où elle étoit en premier lieu ; on paſſe la meche dans le crochet de la poële, de-là dans un des trous de la filiere, plus grand que le premier par où elle avoit paſſé d'abord ; & après l'avoir attachée au tour qui ſe trouve vuide, on en tourne la manivelle, & on le charge comme on avoit fait l'autre à la première opération ; en continuant alternativement cette opération, on charge & on décharge ſucceſſivement les deux tours, & l'on fait paſſer & repaſſer dans la cire fondue & par la filiere cette bougie qui ſe forme peu à peu, par l'attention que l'on a de changer les trous à chaque répétition, juſqu'à ce qu'elle ait acquis la groſſeur qu'elle doit avoir : de cette façon il y a telle bougie qui paſſe par 25 ou 30 ou 40 trous différents. Si pour

CIRIER. X

vouloir précipiter l'ouvrage, on faifoit paffer fubitement cette bougie du plus petit trou dans le plus grand, la cire fe romproit, & le travail feroit très-défectueux.

Quand on veut faire de belle bougie, on n'emploie qu'une même ef-pece de cire; mais pour les bougies communes, aux trois ou quatre der-niers tours, on couvre de plus belle cire que celle qu'on avoit employée aux autres tours.

En finiffant, quand la bougie eft parvenue à fa groffeur, on la fait paf-fer deux fois dans le même trou de la filiere; & au dernier tour, l'Ouvrier tient de la main gauche une ferviette mouillée dont il entoure la bougie, & un autre Ouvrier jette de temps en temps de l'eau fur cette ferviette, cette eau rafraîchit la cire, & empêche qu'elle ne s'écorche en fe devidant fur le tour.

Il faut mettre une certaine diftance entre les tours & le travail, pour donner le temps à la cire de fe refroidir un peu, & afin que les différentes révolutions de cette bougie ne s'attachent point les unes aux autres. Le Cirier a encore l'attention de leur faire parcourir toute la longueur de la bobine, en conduifant la bougie de la main gauche pendant qu'il tourne la manivelle de la main droite.

§. XLIX. *Maniere de couper & de plier la Bougie filée.*

La Bougie étant finie & paffée dans la ferviette mouillée, on la coupe de longueur pour la plier & la mettre en pains. On fe fert pour cela d'une planche percée dans le milieu de fa largeur & dans toute fa longueur d'une rangée de trous, diftants les uns des autres d'environ un demi-pouce; on met dans deux de ces trous, des broches de fer de deux pieds de hauteur; on les place à la diftance néceffaire, pour que la longueur qu'on laiffe entr'elles, puiffe former le poids que doit avoir chaque pain de bougie; enfuite on devide la bougie de deffus le tour, & on la tourne derriere les deux broches de fer, comme fi l'on en vouloit former un écheveau g f, (*Pl. VIII, fig. 9.*)

Lorfque les broches font garnies de haut en bas, on coupe avec un couteau ordinaire la bougie le long d'une des broches, & l'on met ces brins dans une manne. Lorfque toute la bougie qui étoit fur le tour a été ainfi devidée & coupée, on en met une partie à l'étuve; & lorfqu'elle a été fuffifamment attendrie par la chaleur de l'étuve, un Ouvrier (*Pl. VII, fig. 8.*) la retire brin à brin: il prend un petit rouleau de bois *E*, (*fig. 7*); fur lequel il tourne le bout de bougie; il retire enfuite le rouleau de bois; il pofe fur la table le même bout; & tenant de la main gauche le petit rond commencé, il le tourne, & conduit de la main droite le reftant pour former un pain rond. Lorfque le bout eft entiérement tourné, il en appuie l'extrémité avec un doigt contre le dernier rang pour l'y attacher.

Ces pains de bougie que l'on emploie dans les lanternes de papier, se nomment *Bougie de Religieuse*. Il y en a d'un peu plus grosses qu'on nomme *Bougie de saint Côme*, parce que les Chirurgiens s'en servent pour s'éclairer dans leurs opérations, sans craindre que la cire ne se répande & ne brûle le malade, comme cela pourroit arriver, si l'on se servoit de bougies d'appartement.

On plie encore les bougies filées en long, en forme de baril, de livre, enfin de tel forme que l'on veut.

Quand la bougie a été pliée, on l'enveloppe dans du papier pour la conserver proprement.

On donne telle couleur que l'on veut à cette sorte de bougie: & pour cela on la file d'abord en cire blanche, de la même maniere que les autres; puis avant qu'elle soit parvenue à la grosseur qu'on veut lui donner, & quand il ne reste plus qu'à la passer dans 4, 5 ou 6 trous, on retire la cire blanche de la poële, & on y fait fondre de la cire colorée, comme nous le dirons dans la suite; on passe la bougie quatre ou six fois dans cette cire, suivant sa grosseur, & à chaque tour par différents trous de la filiere, & on la finit en la laissant dans une serviette mouillée.

Il y a des Ciriers qui ne coupent pas leur bougie d'abord qu'elle est faite, mais qui mettent à l'étuve le tour ou la bobine chargée de bougie. Quand ils veulent la plier, ils en coupent des bouts d'un certain poids à chaque fois qu'ils ont formé un pain, comme on le voit (*Pl. VII*, *fig.* 8). Il paroît que cette façon est plus embarrassante que celle que nous avons indiquée plus haut.

Il est bon de faire pendant l'été sa provision de bougie filée, parce qu'en hiver la cire se refroidit trop vîte sur le tour, & la bougie se casse.

§. L. *Des Bougies à Lampions.*

CETTE BOUGIE se fait comme la bougie filée; si ce n'est que la meche est toute de fil, grosse, & extrêmement serrée dans les trous de la filiere pour qu'elle soit plus ferme, & qu'elle puisse se soutenir en brûlant: on charge ces meches de peu de cire: dans une livre de ces bougies, il y entre au plus une demi-livre de cire. Les Chandeliers en font usage pour former les meches des lampions d'illuminations; elles servent aussi pour les biscuits.

§. LI. *Des Bougies de Rat-de-Cave.*

LES grosses bougies, qu'on nomme *Bougie de Rat-de-Cave*, ont la meche très-grosse, faite de fil de Guibray; & pour qu'elles ne puissent pas s'éteindre facilement, on les passe en premier lieu dans de la térébenthine commune, fondue avec de la cire, & l'on couvre cette mixtion avec de la cire jaune ou blanche: on les passe à la filiere comme les bougies de S. Côme.

§. LII. *Des Bougies à Lampe.*

LA MECHE des petites bougies qu'on emploie pour les lampes de veille, est faite du plus beau coton; on la couvre de la plus belle cire. Comme cette meche est très-fine, elle est sujette à se rompre; mais il n'en résulte aucun inconvénient, parce qu'on les débite ordinairement en très-petits bouts.

§. LIII. *Des Flambeaux.*

ON FAIT des flambeaux de plusieurs especes, qui sont connues des Ouvriers sous différents noms : savoir, 1°, Flambeaux à une meche pour le service des Eglises, ou flambeaux d'*élévation.* 2°, Flambeaux d'appartement ou *de Venise.* 3°, Flambeaux à meche de Guibray. 4°, Flambeaux ordinaire de carrosses, ou de poing. 5°, Flambeaux de Bruxelles. 6°, Torches. Nous allons détailler la façon de faire ces différents flambeaux.

§. LIV. *Flambeaux à une meche ou d'élévation pour le service des Eglises.*

CES FLAMBEAUX servent dans les Eglises à l'élévation, & on les porte aux processions autour du Saint Sacrement. Ils sont entiérement faits de cire blanche, ils n'ont qu'une seule meche; & comme ils sont d'égale grosseur par-tout, ils se jettent comme les bougies d'appartement; ils se roulent de la même maniere; & on les équarrit ensuite comme les bougies d'Huissiers. On fait ces flambeaux du poids de deux, de trois, de quatre & de six livres. Le bas de ces flambeaux est quarré : pour que la cire ne tombe pas sur les mains & sur les habits, on les garnit souvent d'un entonnoir de carton que nous allons décrire.

§. LV. *Maniere de faire les Entonnoirs pour les Flambeaux & Torches.*

ON PREND un carton lissé & bien ferme : on le choisit plus ou moins grand selon la hauteur & la grosseur du flambeau : on taille ce carton d'un côté pour en former la moitié de l'aire d'un cercle; ainsi il faut imaginer un cercle qu'on couperoit par une ligne droite qui passeroit à peu-près par le centre : on peint ordinairement ces cartons, (*Pl. VIII, fig.* **14**), d'un fond bleu, que l'on charge d'armoiries, ou de quelques autres symboles. On réunit & l'on coud les deux portions circulaires, qui forment un cornet, dont la pointe divisée en quatre levres, laisse un passage au flambeau, auquel on le fixe avec des clous dorés, (*Pl. VIII, fig.* **13**). On fait aussi ces sortes d'entonnoirs avec du fer-blanc; & alors on les peint à l'huile.

§. L V I.

§. LVI. *Flambeaux d'Appartements ou de Venife.*

CES FLAMBEAUX font ainfi nommés, parce qu'on en fait ufage à Venife. On s'en fert auffi dans plufieurs Cours d'Allemagne & dans celles du Nord, pour éclairer les Seigneurs, lorfqu'ils traverfent les appartements ou qu'ils defcendent les efcaliers.

Ces flambeaux ne font autre chofe que quatre bougies cylindriques d'é- gale groffeur & longueur, qui font foudées enfemble, & qui par cet affemblage forment un flambeau quarré à quatre meches.

Pour réunir & fouder ces quatre bougies, on fe fert d'un *Soudoir* de fer épais vers le milieu, & qui va en diminuant vers les deux bouts, qui n'ont environ qu'une demi-ligne d'épaiffeur (*Pl. VI, fig.* 13): l'un de ces bouts eft taillé en pointe, l'autre eft plat : au milieu eft une tringle ronde de fer, qui fert de manche. Ce foudoir a environ dix-huit pouces de long.

On fait chauffer cet inftrument; & lorfqu'il eft affez chaud, on le retire du feu, & on l'effuie fur un torchon mouillé, pour qu'il n'y refte ni cendre ni ordures ; après quoi l'on approche deux bougies à côté l'une de l'autre ; on paffe légérement le foudoir entre ces deux bougies, en le con- duifant de gauche à droite fur toute la longueur.

La chaleur du foudoir fait fondre la fuperficie de la cire de chaque bou- gie ; & en fe refroidiffant, les deux bougies, qu'on a foin de preffer avec les doigts, fe trouvent attachées & réunies enfemble.

Lorfque quatre de ces bougies ont été foudées ainfi deux à deux, on les rapproche l'une contre l'autre, en mettant deffus & deffous les deux côtés, qui ne font pas encore foudés ; puis en paffant le foudoir des deux côtés, & le long de ces mêmes bougies, elles fe trouvent foudées fur les quatre faces, ce qui forme un flambeau quarré; enfuite on prend le couteau à rogner, & on les coupe de la longueur qu'on y veut donner. On termine à la main le bas du flambeau, & on lui donne la figure d'un œuf.

Ces flambeaux font ordinairement du poids d'une livre & demie.

§. LVII. *Flambeaux à meche de Guibray.*

LA MECHE de ces flambeaux eft faite de gros fil de Guibray. Lorfque ces meches ont été taillées de la longueur qu'elles doivent avoir, on paffe dans le haut un bout de fil blanc plié en plufieurs doubles, pour former le collet; on les trempe dans de la cire chaude mêlée avec de la térében- thine ; & on les paffe enfuite à la filiere. Lorfqu'il y a une certaine quantité de meches ainfi paffées, on les accroche au cerceau de la romaine, & on jette deffus de la cire en fufion, jufqu'à ce qu'elles foient parvenues à la moitié de leur groffeur; après quoi on les roule, & on foude les branches

CIRIER. Y

comme pour les flambeaux d'appartements : on emploie ordinairement à ce travail des cires retirées de flambeaux qui ont déja servi, & qui se trouvent le plus souvent mêlées de résine : on en fait aussi de pure cire blanche ; mais on n'y emploie pas la plus belle.

Lorsque les meches sont soudées quatre à quatre, & qu'elles forment le flambeau, on coupe avec un couteau à lame de fer, le bas des quatre meches, & on le forme en pointe ; après quoi on accroche le flambeau au cerceau, & on jette par-dessus de la cire blanche, jusqu'à ce qu'il soit à son poids ; enfin on le pose sur la table, pour former les cannelures, en appuyant l'équarrissoir sur le haut du flambeau, & le tirant de gauche à droite sur toute la longueur.

L'*équarrissoir* est un morceau de bois cambre & creusé de deux gorges (*Pl. VI*, *fig.* 9 *b*, & *fig.* 15 *a*) : il a environ quatre pouces de long ; il est plat sur une face, & l'autre porte deux cannelures ou gorges larges d'environ un doigt, séparées par une languette arrondie. On mouille l'équarrissoir, & on le traîne comme un gravoir. Il y a encore d'autres équarrissoirs *c* (*Pl. V*, *fig.* 8), qu'on traîne presque comme les calibres dont se servent les Maçons pour former des moulures en plâtre.

On met de la térébenthine dans la cire qui sert à tremper les meches ; parce que comme ces flambeaux servent à éclairer dans les chemins, il est nécessaire d'en rendre la matiere plus combustible, pour qu'ils puissent résister à l'agitation du vent & à la pluie ; car si on les faisoit de cire pure, la flamme n'y pourroit résister : ceux-ci sont sans contredit les meilleurs dont on puisse se servir pour cet usage ; mais comme ils coûtent le double des autres, on n'en emploie gueres que pour le service du Roi : ils sont ordinairement du poids de deux livres.

§. LVIII. *Flambeaux ordinaires de Carrosses ou de Poing.*

CES FLAMBEAUX servent pour éclairer pendant la nuit, & pour les convois. Nous avons dit ci-devant, que c'étoit les Cordiers qui faisoient les meches de ces flambeaux avec des étoupes de chanvre ou de lin, & que l'on y ajustoit seulement des collers de fil blanc de Guibray.

Comme ces flambeaux doivent résister sans s'éteindre, ni par le vent ni par la pluie, & comme on doit les vendre à un prix médiocre, ils sont fabriqués en grande partie avec une composition de résine que l'on nomme *galipot*, & qui est la résine du pin, avec de la térébenthine, de la poix & de la cire qu'on a retirée des anciennes meches de flambeaux à demi-brûlés ; en un mot de toutes autres substances inflammables, qu'on peut se procurer à bas prix : ainsi la composition de ces flambeaux varie beaucoup. Pour les fabriquer, on prend quatre meches grosses comme le doigt, & telles que les Cordiers les fournissent ; on les trempe dans la composition fondue, &

très-chaude ; on les remue avec un bâton pour qu'elles s'imbibent bien , &
on évite de barbouiller le collet qui eſt de fil blanc : on retire enſuite ces
meches , & on les pend au cerceau de la romaine, où on les laiſſe ſe redreſſer
& s'égoutter. Il y a des Ciriers qui donnent quelques jets avec la même
compoſition qui a ſervi à imbiber les meches, que l'on nomme alors des
cordons ou *branches* de flambeaux. Quand elles ſe font ſuffiſamment raffer-
mies , on les roule les unes après les autres ſur la table mouillée ; & pendant
qu'elles ſont encore chaudes, on les rapproche quatre à quatre ſur une
planche mouillée pour les réunir ; & afin qu'elles s'attachent mieux les
unes aux autres , on paſſe entr'elles le ſoudoir dont nous avons parlé plus
haut ; enſuite on coupe avec un couteau ordinaire & mouillé le bout
des quatre meches pour mettre le flambeau à la longueur qu'il doit avoir ;
puis en maniant le bout des quatre meches, on forme le bas de ce flambeau,
& on lui donne la figure d'un œuf de poule ; enfin on arrange les collets ,
& on laiſſe ces flambeaux ſe refroidir.

Comme il n'y a point à craindre que ces flambeaux ſe noirciſſent à l'air ;
on les conſerve ſans les envelopper, juſqu'à ce qu'on ſoit dans l'occaſion
de les vendre. Alors on les remet au cerceau de la romaine, & on les recouvre de deux ou trois jets de cire blanche ; puis on les couche ſur la table,
& on les finit avec l'équarriſſoir ; ou bien, au lieu de cet outil , on forme les
cannelures avec un autre outil de buis, dont le bout eſt arrondi, & que l'on
nomme *Gravoir c*, (*Pl. VI, fig. 9*).

On fait ces flambeaux du poids d'une livre, d'une livre & demie, de deux
& de trois livres.

§. LIX. *Flambeaux de Bruxelles.*

Ces Flambeaux n'ont qu'une ſeule meche de corde. La façon de les
faire conſiſte à tremper cette corde dans de la réſine bien chaude, & à la
paſſer à la filiere ; après quoi on colle autour du papier pour les blanchir.

Ces flambeaux , après avoir été paſſés à la filiere , font ronds : on les nomme
flambeaux de Bruxelles, parce que l'on croit que c'eſt de cette Ville que
l'uſage en eſt venu : leur poids eſt de deux, trois & quatre livres. On en
fait une grande conſommation, quoiqu'ils répandent beaucoup de fumée,
& que la réſine qui en découle , gâte les voitures.

§. LX. *Des Torches.*

Quoique les Torches ne ſoient plus en uſage à Paris, il n'eſt pas hors
de propos de donner la façon de les travailler, d'autant plus qu'on en fait
encore uſage dans quelques Provinces.

Pour faire ces torches , on prend un bâton de bois de ſapin d'environ ſix
pieds de longueur (*) autour duquel on applique ſix meches de corde,

(*) Il ſe trouve des veines de bois de pin ſi réſineuſes, qu'elles brûlent toutes ſeules comme
une chandelle : celles-là ſont excellentes pour faire des Torches,

qui ont été trempées dans une compofition femblable à celle des flambeaux.

Lorfque ces fix meches font ainfi arrangées, on fait chauffer de la cire jufqu'à ce qu'elle foit réduite en bouillie épaiffe ; après quoi on en prend avec la main ; & après en avoir appliqué fur les meches vers le bout du bâton, on pouffe la main de gauche à droite jufqu'au bout des meches, afin de les recouvrir de cette cire dans toute leur longueur. C'eft de cette opération qu'eft venue l'expreffion de *torcher un Cierge*, quand, pour le finir, on le couvre avec la main d'une couche de cire très-chaude, de la même maniere que les torches. Cela fait, l'Ouvrier prenant dans fa main droite un morceau de cire attendrie, il en frotte la torche pour unir la cire précédemment appliquée.

Lorfque ces torches font allumées, les meches, le bâton & la cire brûlent à la fois : elles donnent beaucoup de fumée, & il refte au milieu un gros charbon. On ne s'en fert à Paris que pour les criminels qui font amende honorable.

§. LXI. *État des diverfes Bougies en ufage, & que l'on trouve dans les Magafins affortis.*

BOUGIES D'APPARTEMENT.

Des 3.	Des 8 ordinaire.
4 ordinaire.	8 courte.
4 courte.	10 ordinaire.
4 pour les lanternes de voiture.	10 courte.
5 longue.	10 à tapifferie, pour travailler
5 ordinaire.	fur les métiers.
5 courte.	12 ordinaire.
5 pour les lanternes de voiture.	12 courte.
6 longue.	16 ordinaire.
6 ordinaire.	16 courte.
6 courte.	

Indépendamment de ces bougies, on en fait à lanternes & d'autres pour la nuit des 36, 40, 50, 60, 72, & de toutes autres efpeces que le Public peut defirer, en défignant une longueur & groffeur.

MORTIERS.

On en fait des 12, 16, 20 & 30.

BOUGIES FILÉES.

On comprend fous le nom de *Bougie filée*, toute celle qui a été paffée à la filiere.

Il y en a de pliée par pains de quatre onces, ou rat-de-cave ; deux onces ou petit rat-de-cave ; d'une once rond ; une demi-once rond ; religieufe ; petite religieufe.

On

On tient ordinairement de ces fortes de bougies de trois couleurs, qui font le jaune, le blanc & le citron.

On comprend auffi fous le nom de *bougie filée*, les meches pour les lampes & les lampions de différentes groffeurs, qui ne font point mifes en pains, mais celles pour les lampes fe vendent par bouts ; & celles pour les lampions font pliées fimplement en gros ronds, du poids d'environ douze ou quinze livres.

C I E R G E S.

Les plus ordinaires font de deux livres ; une livre & demie ; une livre ; trois-quarts ; huit onces ; fix onces ; quatre onces ; trois onces ; deux onces.

Nous n'avons point parlé des cierges de cire jaune, parce qu'ils fe fabriquent comme les autres avec la cire, telle que les abeilles la fourniffent, fans y ajouter aucune couleur. On choifit feulement celle dont la couleur naturelle eft agréable.

§. LXII. *Des Ornements.*

Nous avons déja parlé de la maniere dont on forme des filets & des pans fur les cierges ; & nous avons dit que l'on fe fervoit de cachets pour y faire telles figures, ou y imprimer telles marques que l'on vouloit. Les ornements s'appliquent avec des cachets de bois dur gravés en creux. Les marques des Manufacturiers ou des Marchands font gravées en cuivre fur le côté d'une petite regle, ou même fur le manche du couteau à rogner.

Quand on veut faire ces fortes d'empreintes, fi la cire eft trop refroidie & trop dure, on l'attendrit avec un fer chaud qu'on tient affez élevé au-deffus de la cire pour qu'elle ne puiffe pas fondre ; & par ce moyen on la rend affez molle, pour qu'elle reçoive l'impreffion du cachet : on marque encore le poids des cierges par des trous que l'on fait avec un poinçon.

On dore auffi les cierges avec des feuilles d'or d'Allemagne que l'on applique, avant que la cire foit refroidie, & lorfqu'elle eft encore gluante ; & l'on appuie fur ces feuilles avec un petit bouchon de coton. Quand on veut rendre la cire plus gluante, on fait une compofition avec parties égales de cire jaune & de poix de Bourgogne, ou de poix graffe : en été on met moins de poix qu'en hiver.

On fait auffi des ornements en couleur. Ces couleurs s'appliquent avec un pinceau trempé dans des cires colorées, avec du verdet pour le verd ; du *terra merita*, pour le jaune foncé ; de la gomme-gutte pour le citron ; du vermillon ou de l'orcanette pour le rouge ; de l'indigo pour le bleu ; du blanc de plomb, pour augmenter la blancheur de la cire. Pour faire la cire de Commiffaire, on emploie du vermillon : entrons à ce fujet dans quelques détails.

CIRIER.   Z

§. LXIII. *Maniere d'appliquer l'or fur les Cierges pour faire des Ornemens bien terminés.*

ON FAIT fondre dans un poëlon trois livres de cire avec une livre de poix graffe. Quand le tout eft fondu, on retire le feu, & on laiffe dépofer la liqueur dans le poëlon : lorfqu'elle a fuffifamment dépofé, on la tire à clair, & on la tranfvafe dans un autre poëlon, que l'on remet fur un petit feu ; & lorfque cette liqueur eft chaude, on plonge dedans une planche mince & bien imbibée d'eau.

Cette planche s'étant chargée de cire, on la retire, & on la met dans de l'eau fraîche qui fait durcir la cire. Lorfqu'elle eft froide, elle fe détache aifément de la planche ; & avec un couteau ordinaire on leve deux feuillets de cire de la longueur & largeur de la planche ; on met enfuite ces feuillets dans de l'eau tiede, d'où l'on en retire un que l'on place fur une table mouillée ; puis avec un rouleau de bois femblable à celui des Pâtiffiers, on l'applatit jufqu'à ce qu'il foit devenu extrêmement mince ; après quoi on le coupe par bandes felon fa longueur, & d'environ trois à quatre pouces de large.

On appelle cette opération *applatir la cire.* Quand on a plufieurs bandes de cire ainfi applaties & taillées, on les arrange fur une table ; on couvre chacune de ces bandes avec des feuilles d'or battues ; elles s'y attachent en appuyant la main fur ces feuilles, & elles s'incorporent fur la fuperficie de la cire, de façon qu'il ne feroit plus poffible de les en détacher.

Si l'on met un quart de poix graffe dans la cire dont on fait ces bandes, c'eft pour la rendre plus ductile & qu'elle puiffe s'étendre mieux fous le rouleau, car il faut que les feuillets foient fi minces, qu'on ne pourroit les faire avec de la cire pure : d'ailleurs comme cet alliage la rend plus gluante, elle en faifit mieux les feuilles d'or.

Pour employer ces bandes dorées, on prend une des marques ou cachets dont on s'eft fervi pour imprimer le cierge ; on la mouille ; & en l'appuyant fur la bande de cire, du côté de l'or, on en enleve un morceau de la grandeur de la marque ; puis on met le côté qui n'eft pas doré fur la fleur déja imprimée fur le cierge ; on appuie la marque deffus, & alors le morceau de cire doré s'incrufte fur la fleur du cierge : on répete cette opération autant de fois qu'il y a de fleurs fur le cierge ; fouvent on emploie pour ces ornemens de l'or d'Allemagne.

§. LXIV. *Des différents ufages qu'on fait de la Cire.*

NOUS AVONS dit, en parlant des premieres préparations de la cire, que les Frotteurs des appartemens, les Menuifiers, les Ebéniftes, fe fervoient de cire jaune pour donner du luftre à leurs ouvrages.

Les Parfumeurs font usage de la plus belle cire qu'ils grenent pour l'employer dans leur pommade, en la battant avec des verges, & y ajoutant de temps en temps un peu d'eau fraîche qui en augmente la blancheur.

Les Anciens faisoient des tablettes pour écrire, composées de planches minces, enduites d'une légere couche de cire, sur laquelle ils gravoient leurs caracteres avec des poinçons ou styles.

§. LXV. *Des Cires colorées & préparées pour différents usages.*

ON PEUT attendrir la cire avec de l'essence de térébenthine ; & en broyant des couleurs avec cette pâte, on peut peindre des tableaux aussi facilement qu'avec les couleurs broyées à l'huile. On peut voir le procédé de cette peinture que l'on nomme *Encaustique*, dans les Mémoires dont M. le Comte de Caylus enrichit continuellement les Arts.

La cire blanche étant susceptible de prendre toutes sortes de couleurs, il n'est question, pour la teindre, que de faire broyer à l'huile la couleur que l'on desire ; ensuite on fait fondre de la cire blanche en pains ; & lorsqu'elle est en fusion, on délaie dedans la couleur broyée à l'huile, après quoi on la remet en petits pains, comme à la troisieme fonte du blanchissage, pour la conserver ; & lorsqu'on a besoin de l'employer, on la fait fondre de nouveau.

§. LXVI. *Cire pour les Sceaux.*

ON FAIT ordinairement usage pour le Sceau de la grande & de la petite Chancellerie de cire jaune, rouge ou verte. La cire jaune que l'on emploie, est telle qu'elle provient des ruches ; la rouge & la verte sont teintes.

Pour préparer ces cires, on est dans l'usage de les écacher, & de les mettre en tablettes du poids d'environ une once. Le *Chauffe-cire* met ces tablettes dans de l'eau chaude pour en amollir la cire ; ensuite retirant de l'eau deux de ces tablettes, & plaçant entr'elles la bande de parchemin qui tient aux provisions, le Scelleur y met le cachet, & y imprime le Sceau : c'est ce qu'on appelle *sceller*. On ne met aucun alliage dans ces cires ; on les colore seulement, savoir, la rouge avec du vermillon, & la verte avec du verd-de-gris.

§. LXVII. *Cire rouge de Commissaire.*

ON APPELLE ainsi cette cire, parce que les Commissaires l'emploient lorsqu'ils apposent leurs scellés.

Pour préparer cette cire, on fait fondre dans un poëlon trois livres de cire blanche, & une livre de poix grasse ; lorsque le tout est en fusion, on y met une quantité suffisante de vermillon ou cinnabre broyé très-fin, pour la rendre d'un beau rouge ; puis on la remue jusqu'à ce qu'elle soit refroidie, autrement le vermillon qui eſt fort peſant, ſe précipiteroit au fond du poëlon: on retire cette cire qui ſe trouve en maſſe; on la met ſur une table mouillée, & on la partage en petits morceaux du poids d'une once, que l'on roule enſuite un à un, comme on roule la bougie, & l'on en forme de petits bâtons de trois ou quatre pouces de longueur.

Comme cette cire eſt alliée avec de la poix graſſe, elle reſte toujours molle; de ſorte que pour l'employer, il eſt inutile de la faire chauffer, ni de la mettre dans de l'eau chaude comme la cire du Sceau.

§. LXVIII. *Cire verte pour les Offices & pour les Jardiniers.*

Cette Cire ſe prépare de même que la cire rouge de Commiſſaire, ſi ne n'eſt que pour la colorer, on y emploie du verd-de-gris en poudre, au lieu de vermillon: les Officiers de bouche en font uſage pour attacher ſur les cryſtaux & ſur les plateaux, les fleurs dont on orne le ſervice du fruit.

Lorſque les Jardiniers taillent les orangers, ils ſe ſervent de la même cire verte pour l'appliquer ſur le bois nouvellement coupé, afin d'empêcher l'eau des pluies d'y pénétrer.

§. LXIX. *Cire à modeler.*

La Cire dont on s'eſt ſervi pour fondre la Statue équeſtre de Louis XV, étoit compoſée de cire jaune en pain, fondue à un feu modéré, & ſans bouillir: on a ajouté ſur chaque livre de cire un quarteron de réſine & une once de ſuif.

On peut voir dans les Mémoires de M. de Boiffrand comment on procede pour employer cette cire dans les moules des grandes pieces que l'on jette en bronze; mais on verra ces détails décrits avec la derniere exactitude dans l'Ouvrage que M. Mariette prépare actuellement, & où il rendra compte de tout ce qui a été pratiqué pour la fonte de la belle Statue équeſtre du Roi, exécutée par le fameux Bouchardon.

La cire dont les Sculpteurs ſe ſervent pour faire leurs modeles, eſt un compoſé de cire jaune, de poix graſſe & de ſuif. Les Artiſtes font ordinairement eux-mêmes ce mélange; ils y mettent plus ou moins de chacune de ces drogues, ſelon l'emploi qu'ils en veulent faire. Par exemple, on met ſeize parties de cire, deux parties de poix de Bourgogne, & une partie de ſain-doux; ou bien ſur dix parties de cire jaune, une onzieme partie de térébenthine, autant de poix graſſe, & autant de ſain-doux: on fait fondre le tout à petit feu; on mêle ces différentes ſubſtances avec une ſpatule, & on coule le tout avant qu'il ait bouilli, afin que la matiere ſoit plus compacte & ſans bulle d'air.

§. LXX.

§. LXX. *Compofition de Cire pour tirer les empreintes des Pierres Gravées.*

SUR UNE once de cire vierge, qu'on fait fondre lentement dans un vaiſſeau de terre verniſſée ou de cuivre, on met un gros de ſucre candi broyé très-fin ; la cire devient alors tout-à-fait liquide ; on y joint une demi-once de noir de fumée qu'on a fait recuire pour le dégraiſſer : on ajoute deux ou trois gouttes de térébenthine ; on remue ce mélange avec une ſpatule de bois, & on le retire du feu pour le laiſſer un peu refroidir ; après quoi on en forme de petits pains, ou bien on en remplit de petites boîtes dont le couvercle eſt à vis. Quand on veut tirer une empreinte, on pétrit cette cire entre les doigts pour l'attendrir ; on mouille un peu la pierre gravée, en y appliquant la langue, & on l'appuie ſur la cire pour en tirer l'empreinte qui ſe trouve faite avec beaucoup de préciſion. C'eſt de cette compoſition dont ſe ſert M. *Gay*, célebre Graveur en pierres fines.

§. LXXI. *Cire dont on enduit les Toiles de coutil des lits de Plume, des Oreillers, & les peaux des Muſettes.*

SUR cent livres de cire jaune, on met quinze à dix-huit livres de térébenthine, quelque peu de poix graſſe : on fait fondre le tout à petit feu ; & après avoir bien mêlé le tout avec une ſpatule, on coule la matiere, avant qu'elle bouille, dans des moules de fer-blanc, frottés d'huile, & ſemblables aux moules des mortiers.

On frotte avec cette cire l'envers des toiles de coutil, pour empêcher le duvet de ſortir : on enduit de même les peaux des muſettes, afin qu'elles ne laiſſent pas échapper l'air. Il y a des Tapiſſiers, qui pour épargner l'incommodité de la mauvaiſe odeur de cette cire compoſée, ſe ſervent de cire blanche pure, qu'ils étendent ſur le coutil à force de bras ; mais pour les peaux des muſettes, il faut employer une cire fort tendre.

§. LXXII. *Figures & Fruits en Cire.*

POUR FORMER des figures ou des fruits, il faut avoir des moules de plâtre, compoſés de pluſieurs pieces, pareils à ceux dont ſe ſervent les Sculpteurs, & obſerver d'y laiſſer une ouverture pour y introduire la cire en fuſion.

Lorſqu'on veut jetter en moule, on fait fondre de la cire blanche ; & pendant qu'elle fond, l'Ouvrier ſépare toutes les pieces qui compoſent le moule ; il prend un pinceau qu'il trempe dans de l'huile ; il en frotte le dedans du moule ; après quoi il en rapproche toutes les pieces qu'il aſſujettit avec une laniere aſſez fortement pour que la cire ne puiſſe couler par les joints.

CIRIER.   A a

Le moule ainfi préparé, & la cire étant à un degré de chaleur douce, c'eft-à-dire, qu'il faut qu'elle ne foit ni chaude ni froide, l'Ouvrier en prend avec une cuiller, & en remplit le moule. Lorfque le moule eft plein, il le laiffe repofer pour donner le temps à la cire de fe congeler; après quoi il détache la laniere, & il enleve avec précaution toutes les pieces qui compofent ce moule; enfuite il retire la figure ou le fruit, & laiffe raffermir la matiere au moins vingt-quatre heures, pour pouvoir réparer fa figure.

L'Ouvrier, pour réparer fes figures, fe fert d'un ébauchoir qui eft un morceau de bois d'environ quatre à cinq pouces de long, dont un bout reffemble à la lame d'un petit couteau, & l'autre à celle d'un grattoir. Avec cet ébauchoir il gratte, & il enleve avec attention les bavures de cire qui proviennent des joints des pieces du moule; lorfque ces bavures font toutes enlevées, l'Ouvrier frotte légérement la figure dans tous les endroits qui ont été grattés, & il unit la cire de façon qu'on n'apperçoit aucunes traces des bavures.

Quand ces fortes de figures font faites pour refter en blanc, on mêle un peu de blanc de plomb avec la cire: fi l'on veut au contraire qu'elles foient colorées, on les peint avec des couleurs à l'huile, ou l'on fe fert de cires colorées & attendries avec de l'effence de térébenthine.

On fait à la Chartreufe de Paris, de petites images de la Vierge en cire, qui font bien moulées; le moule qu'on emploie eft un cylindre de cuivre de cinq à fix pouces de haut, fur environ trois pouces de diametre, & fe divife en deux parties fuivant fa longueur: une moitié repréfente en creux la figure de la Vierge avec l'enfant, vue par devant; l'autre moitié le creux des mêmes figures vues par le dos.

Quand on veut jetter une figure, on fait fondre de très-belle cire blanche, dans laquelle on mêle du blanc de plomb. Après avoir réuni les deux parties du moule qu'on tient bien ferrées dans la main gauche, la tête de la figure en en bas, on remplit entiérement le moule de cire fondue par une ouverture pratiquée aux pieds; & un inftant après, on verfe dans un vafe le furplus de la cire qui n'eft point encore figée, de forte qu'il ne refte dans le moule que celle qui, en fe refroidiffant la premiere, eft reftée attachée au moule. On peut faire cette couche plus épaiffe, en ne fe preffant pas de renverfer la cire. On plonge enfuite le moule dans de l'eau froide, afin que la cire s'en détache plus aifément; enfin on ouvre le moule, & on en retire la figure que l'on répare avec un ébauchoir pour en ôter les bavures.

On fond à part le piedeftal dont le moule eft de quatre pieces, & on foude la figure de la Vierge fur ce piedeftal. On peut faire avec une livre de cire deux douzaines de ces petites images qui ont quatre à cinq pouces de haut: le moule qui eft affez bien fait, a coûté 150 livres.

§. LXXIII. *Des Souches.*

CES SORTES de cierges s'emploient principalement fur les Autels des Eglifes, fur-tout quand ils font grands & ifolés : la partie fupérieure de ces cierges, & qui eft la plus menue, porte une pointe qui eft un petit cierge ordinaire, & le refte eft une addition à demeure, d'une compofition différente ; c'eft cette partie poftiche qu'on appelle *une Souche*, elle eft d'une grande économie. En effet, quand un cierge ordinaire a été brûlé au tiers de fa longueur, il devient trop court, trop gros du haut, & ne peut plus garnir décemment un Autel : fon pied, qui fait un poids d'autant plus confidérable, que le corps du cierge a été gros, eft rejetté à la fonte.

On fait principalement deux efpeces de ces fortes de fouches : les unes fe nomment *Souches à pointes* ; les autres, *Souches à reffort.*

§. LXXIV. *Souches à pointes.*

LES SOUCHES à pointes fe terminent en haut par une broche qui reçoit un cierge qui termine le haut de la fouche. Ces fouches font faites de bois ou de fer-blanc ; cette derniere conftruction eft fans contredit la plus folide, en ce qu'elle n'eft point fujette à fe déjetter comme le bois qui fe refferre & fe gonfle fuivant les variations de l'air ; ce qui fait éclater la cire qui recouvre la fouche, & que l'on eft obligé par cette raifon de recouvrir fouvent.

Les fouches en bois font faites d'un bois leger & très-fec, auquel on donne la figure d'un cierge : il y a vers le haut une retraite de l'épaiffeur de la cire, qui forme le pied du bout de cierge qui doit terminer cette fouche. Cette pointe eft reçue dans une cheville : la précifion confifte à faire enforte que la pointe fe joigne avec la fouche fans faire de reffauts.

L'autre efpece de fouche eft un tuyau de fer-blanc en forme de cierge : on fait ces fouches de longueur convenable à l'ufage pour lequel on les deftine : au haut du tuyau, on foude une cheville conique de fer-blanc d'environ cinq à fix pouces de long, pour recevoir & retenir un bout de cierge de cire pure fur la fouche ou la pointe.

Ce font les Ferblantiers qui fabriquent ces fouches, & qui les livrent aux Ciriers. Ceux-ci colent du papier blanc fur le fer-blanc, & quand le papier eft bien fec, ils accrochent les fouches autour du cerceau, & les jettent en cire, comme les meches des cierges ordinaires.

Les fouches ainfi couvertes de cire, on les met fur le lit ; & lorfqu'elles y ont refté affez de temps pour que la cire ait pris corps, on les retire les unes après les autres pour les mettre fur la table & les rouler ; enfuite, avec un couteau ordinaire, on coupe toute la cire qui excede le fer-blanc par le haut & par le bas de la fouche ; & pour empêcher la cire d'en bas de fe caler, on l'affujettit avec un ruban de Padou blanc.

Les pointes de ces fouches font des cierges courts, dont la groffeur du pied doit être proportionnée à celle de l'extrémité du haut de la fouche, afin que la réunion ne s'apperçoive point. Dans quelques Eglifes, on eft dans l'ufage, pour mieux cacher cette réunion, d'y attacher quelques ornements dorés en forme d'anneau, &c.

Souvent, au lieu de cire, on recouvre ces fouches, foit en bois, foit en fer-blanc, de plufieurs couches de blanc de plomb broyé à l'huile, & attendri avec de l'effence de térébenthine, & enfuite de vernis très-blanc, fait avec du beau fandaraque, diffous dans l'efprit-de-vin: deux couches de ce vernis fuffifent ordinairement.

§. LXXV. *Souches à reffort.*

Les souches à reffort font compofées de trois pieces: la premiere, qui eft extérieure, eft un tuyau de fer-blanc ou de cuivre, plus gros par en bas que par en haut; ce tuyau repréfente le corps du cierge; c'eft lui qu'on couvre de cire de la même maniere que les fouches à pointes: on peut auffi le mettre en couleur à l'huile.

La feconde piece eft un autre tuyau plus menu & beaucoup plus court que le premier. Il eft d'égale groffeur dans toute fa longueur, & fermé par le bout d'en bas d'un petit couvercle qui ferme comme celui d'un fucrier; à la diftance d'un demi-pouce ou environ du bord fupérieur de ce tuyau, eft placé un petit cercle qui fert à retenir une calotte percée dans le milieu d'un trou par où paffe la meche, & qui découvre une partie de la cire de la bougie que l'on met dans ce tuyau. A cette piece qui forme en-deffus un petit entonnoir, eft foudée une douille d'environ un pouce & demi de longueur, qui recouvre le bout fupérieur du tuyau, & qui y eft retenue de la même maniere qu'une baïonnette eft affujettie fur le canon d'un fufil.

La troifieme piece de cette fouche eft un reffort à boudin, fait de gros fil de laiton ou de fil de fer, qui porte une petite plaque ronde de cuivre, à laquelle eft attachée une chaîne qui traverfe l'axe du tuyau, & qui paffe par le milieu du fond qui en bouche le bas. Ce reffort eft femblable à celui des lanternes de voiture. Il fe loge dans le tuyau intérieur, & fert à faire monter la bougie à mefure qu'elle fe confume.

Ces fouches font très-commodes: on peut facilement les allumer & les éteindre, & remplacer avec la même facilité les bougies toutes les fois qu'il eft néceffaire. Leur défaut eft que le bout de ces fouches eft indifpenfablement plus gros que celui des cierges ordinaires: d'ailleurs, comme ils font plus pefants vers la partie fupérieure que vers le bas qui eft fort léger, on eft obligé de les mettre fur des chandeliers très-pefants, ou dont les pieds foient larges pour les tenir en équilibre.

On fait de la même maniere des fouches pour les flambeaux que l'on porte aux proceffions du Saint Sacrement. On

On fait encore d'autres fouches, pour pouvoir brûler les bouts de flambeaux de poing : on nomme celles-ci *Porte-flambeaux* : elles confistent en un morceau de bois cannelé, comme l'eft un flambeau, & peint à l'huile. Cette piece eft terminée par une douille de fer-blanc pareillement cannelée, qui reçoit le bout de flambeau devenu trop court pour pouvoir être porté à la main.

§. LXXVI. *Maniere de retirer la Cire des vieux Cierges & Flambeaux.*

On brise les bougies & les cierges qui n'ont été brûlés qu'en partie : on en retire la cire par morceaux, & on la fait fondre avec de l'eau ; on la rubane ; on l'expofe fur les toiles, & on en forme des pains dont on fait des cierges & des bougies, mais il faut avoir grande attention de ne point mêler enfemble les cires de différentes qualités, comme les cires alliées avec celles qui font pures.

Comme il refte toujours beaucoup de cire attachée aux meches, on les met dans de l'eau fur le feu ; & quand la cire eft fondue, on paffe les meches à la preffe pour en retirer toute la cire.

Quoique les cires alliées prennent fur les toiles plus ou moins de blancheur, on ne peut gueres s'en fervir, que pour donner les premiers jets ou pour couvrir les flambeaux de poing.

Quand on retire la cire des meches, on doit mettre à part la cire des flambeaux, qui étant alliée de réfine, ne doit pas être mêlée avec celle qui eft plus pure : cette cire alliée ne peut être employée que pour la compofition des flambeaux, & en la mêlant avec du galipot ou de la réfine.

EXPLICATION DES FIGURES.
PLANCHE I.

FIGURE I. On apperçoit dans le lointain un effain qui s'eft attaché à une branche d'arbre, & deffous une ruche *a* qui eft placée pour le recevoir.

Fig. 2. eft un enclos, autour duquel font des ruches *b* pofées fur des gradins ; & à l'endroit *c*, qu'on fuppofe fort éloigné, eft un trou en terre, au-deffus duquel on pofe une ruche nouvellement vuidée : on brûle dans ce trou du foufre pour faire mourir les abeilles qui feroient reftées dans la ruche.

Fig. 3. repréfente des ruches vuides *d*, qui font pofées, la poignée en en bas, & dont le bout le plus large eft en haut : près de ces ruches eft un baquet *e*, qu'on tranfporte auprès de la table *h*, (*Fig.* 4), pour y mettre les rayons dont la cire eft brune, & ceux qui ne contiennent que du couvain.

CIRIER   B b

Fig. 4. On y voit la table *h* , sur laquelle on pose horizontalement les ruches pour en tirer les rayons : ceux qui sont noirs & ceux qui sont remplis de couvain , sont jettés dans le baquet ; les beaux rayons sont mis dans le vaisseau *f* , après qu'on a passé légérement une lame de couteau sur les alvéoles , pour en rompre les couvercles. Le miel le plus beau découle du vaisseau *f* dans celui *g*. *r* sont des ruches vuides. *K* est un baril en chantier , avec un entonnoir pour y verser le miel : *i*, sont des barils remplis de miel commun ; *l*, des barils remplis de beau miel.

Fig. 5. *m*, Baquets à démiéler la cire. Ils sont supportés par un assemblage de charpente, dont la hauteur est suffisante , pour que l'eau qui sort par les cannelles, puisse être reçue dans les seaux *n* ; à côté est un baquet dans lequel on met la cire démiélée , pour la porter à la chaudiere où elle doit être fondue.

Fig. 6. Cheminée sous laquelle sont placées les chaudieres *o* posées sur des trépieds. On met de l'eau dans les chaudieres , & par-dessus la cire démiélée : quand elle est fondue , on la verse sur une toile claire qui est posée sur la chaudiere *v* ; ce qui passe est refondu , & versé dans les moules *p* pour former les gros pains de cire *q* : le marc qui reste sur la toile est passé ensuite à la presse.

Fig. 7. Presse ; *AA* , les jumelles ; *DD* , la mai qui est creusée pour recevoir le marc ; *BB* , forte planche qui appuie sur le marc ; *H* , quarré de la tête de la vis où sont les mortaises, dans lesquelles entrent les leviers *L* ; *EE* , l'écrou ; *F* , la vis ; *I* , vaisseau qui reçoit la cire qui coule.

Fig. 8. Autre presse formée de deux forts madriers, *AA* , *BB* , supportés par des chantiers *FF*. Le madrier *B* est percé de deux écrous qui reçoivent les vis *CC* ; la tête *I* de ces vis est quarrée & creusée de mortaises pour recevoir les leviers *DD*. On met le marc de cire dans un sac de toile forte *S* ; & la cire découle dans le vaisseau *E*.

Fig. 9. Elle représente tout l'attirail d'une fonderie servant à rubaner la cire: *A* , coupe d'une chaudiere montée sur son fourneau : *OO* , la maçonnerie. Il est bon de savoir qu'une chaudiere destinée à fondre un millier pesant de cire, doit avoir à peu-près 3 pieds 7 pouces de hauteur sur 2 pieds 7 pouces de diametre vers son embouchure ; & qu'elle doit se réduire vers le robinet à 2 pieds quelques pouces. *c*, tuyau pour la décharge de la chaudiere , & le robinet par où coule la cire : *B* , la fournaise : *K* , la bouche de la fournaise, qui répond au fond d'une cheminée placée de l'autre côté de la muraille : *N* , ventouse qu'on pratique quelquefois pour animer le feu : *D* , cuve de bois , cerclée de fer, dans laquelle la cire se rasseoit & se purifie : *G* , cannelle pour grêler & pour éculer : *o*, cannelle pour éculer: *F* , robinet pour écouler l'eau, après que la cuve est vuidée: cette eau tombe dans la futaille *E* , pour servir à retirer la cire qui surnage quand l'eau est froide. Dans beaucoup de Blanchisseries, on ne se sert ni de la cannelle *o*, ni du robinet *F*, ni de la futaille *E*; on descend la cuve *D* pour la nettoyer à toutes les fontes, & sur le champ on en remonte une autre en la place. Au-dessous de la cannelle *G*, on voit la grêloire *a a*; au-dessus, la passoire *H*, & au-dessous, le tour ou cylindre *T T*, avec sa manivelle *Q*: on voit aussi le tuyau *I*. Quand on ouvre le robinet *L*, l'eau qui vient d'un réservoir supérieur passe avec force dans le tuyau *L I*; & comme ce tuyau est fermé au bout *I*, l'eau sort avec force par de petits trous qui sont dans toute la longueur du tuyau *L I*, dont les petits jets dardent sur le tour qui en est rafraîchi. Cette manœuvre est fort bonne; mais elle est inutile quand l'eau de la baignoire se renouvelle continuellement; car en ce cas l'eau fraîche entre dans la baignoire *M* par le robinet *L*, & elle sort en même quantité par un robinet placé près de *P*. Il y a encore à la face *R* tout au bas, un autre robinet qui sert à vuider la baignoire quand on la veut nettoyer.

Fig. 10. Spatule de cuivre mince, dont le manche est terminé par un anneau ou un crochet pour la suspendre; elle sert à gratter la cire par-tout où il en reste de figée.

Figures 11 & 12. Entonnoir de cuivre étamé, dont la douille ou le tuyau est soudé sur le côté, après que l'entonnoir a été placé dans la chaudiere, *A* (*fig.* 9), de maniere que le tuyau puisse entrer dans le canal *C* (*fig.* 9). On verse dans l'entonnoir l'eau qui est au fond de la chaudiere avec le pot (*fig.* 12), & l'eau sort par le robinet *c*.

Fig. 13. Seau pour transporter l'eau dans la chaudiere, la baignoire, &c.

Fig. 14. Couvercle de bois qu'on met sur la cuve, pour empêcher que la cire fondue ne se refroidisse, & pour prévenir qu'il n'y tombe quelques ordures.

Fig. 15. Alvéole, ou loge de cire faite par les abeilles.

Fig. 16. Gâteau ou rayon formé par la réunion d'un nombre d'alvéoles.

PLANCHE II.

F I G U R E 1. La grêloire de la *Pl. I. fig.* 9, est représentée ici isolée plus en grand, & vue de différentes faces. On apperçoit que le fond est figuré en doucine, & que les trous ne sont pas percés à la partie basse, afin que les saletés qui pourroient se rencontrer dans la cire puissent tomber au fond, sans boucher les trous. Cette grêloire est attachée sur la baignoire par des anses *a a*, qui s'accrochent dans des barreaux de fer cloués sur le bord de la baignoire, & qui portent des crochets à leur extrémité. On voit en *A* le dedans de la grêloire; & en *B*, le dehors & le fond.

Fig. 2. Fourche de bois à trois fourchons, qui sert à retirer de la baignoire la cire rubanée: on ne la garnit d'osier que quand on grêle des cires fort alliées, qui se rompent en petites parcelles : ces osiers seroient incommodes quand on retire des rubans de cire pure.

Fig. 3. Quelquefois on fait ces fourches avec du bois léger ; mais la fourche de la figure 2 paroît plus commode.

Fig. 4. repréfente la brouette des blanchifferies, qui porte la corbeille doublée de toile, dans laquelle on met les cires rubanées pour les porter aux toiles. Cette brouette a des ranchés ; il y en a qui n'en ont point ; au refte cela eft fort indifférent.

Fig. 5. Petite fourche très-légere, dont on fe fert pour régaler fur les toiles les cires rubanées.

Fig. 6. Main de bois faite d'une planche mince de bois léger : on y voit deux ouvertures pour l'empoigner : cette main fert à lever la cire de deffus les toiles.

Fig. 7. Palon ou fpatule de bois pour remuer la cire qui eft en fufion dans la chaudiere : il y en a de différentes formes.

Fig. 8. Pelle de Boulanger pour lever les cires de deffus les toiles.

Fig. 9. La cannelle *G* de la *Pl. I, fig. 9. a,* eft le corpsde cette cannelle : *d e,* le trou qui eft dans l'axe : *b,* bouchon de liege qui fert à boucher le trou *e* ; *C,* la lancette : c'eft une cheville qu'on introduit dans l'ouverture *d* pour chaffer le bouchon *b* quand on veut couler.

Fig. 10. Moules percés dans une planche, & repréfentés en grand.

Fig. 11. Tamis de crin, qui fert à ramaffer les parcelles de cire qui flotent fur l'eau de la baignoire.

Fig. 12. Rabot fait d'un acoinçon de futaille, emmanché au bout d'un bâton : il fert à retirer la cire du milieu des toiles vers les bords quand on veut la lever.

Fig. 13. Fauchet ou rateau à deux rangs de dents faites de bois : cet inftrument eft femblable à celui qui fert pour ramaffer les avoines & les foins.

P L A N C H E I I I.

FIGURE 1. Plan d'une grande fonderie, telle qu'eft celle de la Manufacture Royale d'Antoni. *AAA,* Chaudieres pour fondre la cire. *aaa,* Ouvertures pour mettre le feu aux fourneaux. *DD,* Cuves : *MM,* baignoires : *b c, b c,* rigoles qui conduifent l'eau qu'on vuide des baignoires dans le touard *c* : *S S,* le deffus des tables à éculer *XX,* Planches à moules : *I,* un tour avec fa manivelle *e* : *HH,* grèloir d'une autre forme que celle de la *Pl. II* : *h,* Chevrette pour porter cette grèloire : *M¹,* baignoire vue en perfpective, & coupée par le côté *M,* pour faire voir en place le tour *I,* la chevrette *h* & la grèloire *H* : *R,* brouette.

Fig. 2. Coupe de la fonderie (*fig. 1*), fuivant la ligne ponctuée *d c.* *A,* coupe d'une chaudiere : *a,* coupe de la fournaife : *b,* embouchure de la
fournaife

fournaise par laquelle on met le feu. *C*, Cheminée qui reçoit la fumée : *B*, degré pour monter au fourneau : *O*, cuve supportée sur des potences de fer en forme de console : *D*, cercles de fer de cette cuve : *M*, baignoire : *R*, brouette : *S S*, tables à moules : *X*, treuil pour mettre la cuve en place & la descendre : *T*, poulie de renvoi par où passe la corde qui sert à enlever la cuve : *V*, cire rubanée mise en magasin.

Fig. 3. Elle représente la même fonderie vue de face, en supposant le spectateur placé sur le touard *c*, *fig.* 1. *AAA*, chaudieres : *DD*, cuves : *MM*, baignoires : *BB*, degrés pour monter aux fourneaux : *C C*, portes qui sont entre les chaudieres.

Fig. 4. *X*, Éculon à deux becs : *d*, le derriere de l'éculon qui est arrondi : *a b*, le devant qui est quarré : *e*, les becs : la plûpart en ont deux, d'autres trois : *c c*, les anses : *Y*, burette dont on se sert pour éculer dans les petites Manufactures : *Z*, gouleau & anse.

PLANCHE IV.

Figure 1. Fonderie représentée dans la Planche III, & vue ici en perspective : *AAA*, chaudieres : *DD*, cuves : *MM*, baignoires sur l'une desquelles le tour & la grêloire sont placés : *G*, la cannelle des cuves : *H*, la grêloire : *I*, le tour : *BBB*, escaliers pour monter derriere les cuves : & aux magasins où l'on met les cires *V* : *C C*, portes pour arriver aux cuves : *S S*, *X X*, tables à moules : *R*, brouette : *V*, cires rubanées mises en magasin.

Fig. 2. Jardin où sont établis les quarrés & les toiles : *A*, quarré sans toiles : *a a a*, pieux qui soutiennent les chassis formés par les tringles *d d*, faites en tiers-point, ainsi que les traverses *c c* faites aussi en tiers-point.

Sur la tête des pieux du pourtour sont clouées des tringles plus larges *d d*, & percées de trous pour recevoir les chevilles *e e e e*, &c. & les piquets *ff*, &c.

B, (*Fig.* 2 & 3) est un quarré garni de piquets & de chevilles : *C*, (*fig.* 2 & 3), le même quarré garni de toile avec les rebords *i i*, relevés & attachés aux piquets : on voit en *h* des liens de corde qui assujettissent la corde qui tient au fond des toiles sur les traverses *b*, pour empêcher que le vent ne les enleve. *D*, fait voir la maniere dont la toile doit être doublée quand il fait de grands vents : *E*, cire étendue sur les toiles : *F*, mur, & *G*, un bosquet qui mettent les toiles à l'abri du vent.

PLANCHE V.

Cette planche représente la maniere de jetter les cierges & les bougies d'appartement.

Figure 1. Taille-meche : *A*, le dessus de la table : *B*, rainure dans laquelle coule le tenon de la poupée *C* qu'on rapproche ou qu'on éloigne du point B, suivant la longueur qu'on veut donner aux meches : D, broche ou montant de fer, autour duquel on roule les meches : E, lame de couteau, posée verticalement sur la tête de la poupée : F, crible où sont les pelottons de fil ou de cotton dont on doit faire les meches. On augmente ou l'on diminue le nombre de ces pelottons, suivant qu'on veut faire les meches plus ou moins grosses, & encore suivant la grosseur du fil : G, ouvrier en attitude pour tailler les meches : H, meches coupées de longueur, qu'on jette à côté de la table, jusqu'à ce que la broche D en soit remplie. On voit sur la *Pl. VI, fig.* 1, un taille-meche moins grand, mais dessiné sur une plus grande échelle : la lame de celui-ci est fixe, & la broche est établie sur la piece à coulisse.

Fig. 2. Ciriers qui jettent un cierge à la cuiller : quand ce sont des cierges courts, un Ouvrier suffit pour les jetter ; mais quand les cierges sont longs, comme celui de la figure, il faut un Ouvrier pour présenter la cuiller au Cirier, qui se tient élevé sur un gradin. Communément le Cirier qui est en haut, tient une cuiller, dans laquelle celui qui est en bas verse de la cire qu'il a puisée avec une autre cuiller. A, romaine composée d'un arbre tournant $A b$: cet arbre du côté de A, est reçu dans un collet ; & du côté de b, il se termine en pointe qui répond à une crapaudine d. C, cercle de fer garni de crochets, auxquels on attache l'extrémité des meches, qui est faite en boucle ou anse : $d d$, traverses de fer qui répondent d'un bout au cercle ; & de l'autre à une douille e de fer qui embrasse l'arbre tournant $A b$: f, cheville ou broche de fer, qu'on passe dans les différents trous qu'on voit sur l'arbre $A b$, pour élever ou abaisser le cerceau C, suivant qu'on veut faire des cierges plus ou moins longs.

Nota, Qu'il faut que la douille e ait une certaine longueur, pour que le cerceau ne panche ni d'un côté ni d'un autre : il y a des romaines dont l'extrémité g des traverses d, porte des verges de fer qui vont aboutir à un anneau qui entoure l'arbre vers h, ce qui rend le cerceau C beaucoup plus ferme : a, poële avec son fourneau qu'on nomme *Caque*, où l'on tient la cire en fusion : a, indique les grands rebords de la poële, qui forment un entonnoir pour recevoir la cire qui dégoutte des cierges qu'on jette : b, échancrure qui est à ce rebord, pour embrasser l'arbre tournant : c, cavité de la poële : d, caque ou fourneau : e, ouverture ou porte, par laquelle on met dans la caque une poële avec du feu.

Nota. On verra tout ceci mieux détaillé dans la *Pl. VII.*

C, Cirier qui jette des cierges à la cuiller : il pince des doigts de la main gauche la meche ou le collet d'un cierge, pour le faire tourner à mesure qu'il jettera la cire de la main droite ; il reçoit une cuiller pleine de cire que lui présente un aide. Comme ces cierges sont longs, le Cirier est monté sur un gradin, qu'on nomme *Chaise*, formé de trois planches

bien affemblées en forme de caiffe, dans laquelle il y a des taffeaux fur lef-
quels on met à différentes hauteurs une tablette pour élever le Cirier.
On verra mieux la repréfentation d'un de ces gradins dans la Planche VI.
D, cierges qui pendent à la romaine.

Nota. Les cierges qu'on jette actuellement devroient répondre à la perpendiculaire du milieu *C* de la poële : ainfi dans cette figure la poële eft trop
éloignée de la romaine.

Fig. 3. Cirier qui jette à la cuiller des bougies d'appartement. En place
de la romaine, on fe fert d'un cerceau de bois *a*, qui eft foutenu par quatre
cordes *b*, qui fe réuniffent à une *C*, & on place le cerceau à différentes
hauteurs, en l'attachant plus ou moins haut à la corde *d* qui pend du plancher, & pour le mieux, de la romaine faite en fléau de balance, telle qu'elle
eft repréfentée *Pl. VIII*, *fig.* 5.

Quand on commence les bougies, les meches font ferrées & attachées le
haut en bas à des bouts de ficelle *e* (*fig.* 3). Quand on les remet au cerceau
pour les derniers jets, on les attache aux crochets *f* (*fig.* 3) par le collet:
g, la poële & fon fourneau ou caque.

Nota. Que les bords de la porte doivent être grands & fort relevés,
afin que la cire retombe dans le fond de la poële. Ordinairement le bord
eft plus relevé du côté du Cirier, afin qu'il puiffe atteindre plus aifément
au cerceau. *h*, le Cirier affis : il tient de la main droite la cuiller, & il
pince avec les doigts de la main gauche les meches, pour faire tourner les
bougies à mefure qu'elles fe chargent de cire : la plûpart des Ciriers font debout quand ils jettent les bougies.

Fig. 4. Elle repréfente la cuiller en grand : c'eft une efpece de gouttiere
de fer-blanc *a b*, dont un des bouts *b* eft fermé par le bord ; l'autre *a* eft
ouvert, & c'eft par extrémité que fort la cire. Cette cuiller eft emmanchée par le côté, & le manche *c* porte un petit crochet *d* qui fert à l'accrocher aux bords de la poële, afin que la cire qui auroit pu refter dedans
coule dans la poële. Il y a des cuillers dont l'extrémité par laquelle la cire
doit couler, eft plus ou moins étroite.

Fig. 5. Cirier qui roule un cierge : *a*, grande table de noyer bien
dreffée, bien polie & folidement établie : *b*, rouloir fait d'une planche de
noyer, & garnie de poignées figurées fuivant le goût des Ciriers : *c*, cierge
qu'on roule : *d*, petite cuvette dans laquelle il y a de l'eau pour mouiller la table, le rouloir & tout ce qui touche la cire, pour empêcher qu'elle
ne s'y attache : *e*, Cirier en attitude pour rouler un cierge.

Nota, Qu'on roule les bougies d'appartement & les branches de flambeaux de la même maniere que les cierges : la table eft mal placée dans
cette figure : le vifage du Cirier doit être tourné vers la croifée.

Fig. 6. Comme c'eft fur la table à rouler qu'on forme le pied des cierges, il est bon d'exposer tout de suite les instruments qui servent à cette opération. *aa*, Cierge qui vient d'être roulé. On coupe avec un couteau de bois *b* ; (*fig.* 11) l'extrémité *c* du pied, par la ligne *d* ; puis ayant commencé un petit trou au pied du cierge avec le bout du doigt, on enfonce dans le cierge les broches *e* dont on proportionne le volume à celui des cierges : après que les broches ont été enfoncées, comme on le voit en *f*, le cierge est réputé fini : il doit rester rond : on pend les cierges par paquets, comme on le voit *Pl. VI*, *fig.* 8. Si l'on veut que le pied soit à pans comme en *g*, avant de retirer la broche, on forme les pans en appuyant le rouloir ou le couteau de bois. On pend les grands cierges un à un, pour les laisser refroidir.

Fig. 7. Bougies d'appartement : *a*, la meche trempée : *b*, petit tuyau de fer-blanc ou *ferret*, dont on garnit le bout *c* de la meche, pour empêcher qu'il ne se charge de cire quand on fait les premiers jets : *c*, bougie qui a reçu les premiers jets, qui a été roulée, & à laquelle on a découvert le ferret *b*, en enlevant avec le couteau de bois *b*, (*fig.* 11), la cire qui le recouvroit : *d*, la même bougie où le ferret *b* a été ôté. Après avoir coupé les culots *g*, on forme ordinairement les collets, & les ferrets s'emportent avec la cire *h* : quand on a donné les derniers jets, & roulé pour la seconde fois, la bougie est comme en *i*. On en forme le pied, après quoi elle est comme en *l* : *m* représente une bougie finie.

Fig. 8. Les flambeaux de pure cire pour le service des Eglises, & pour celui des grands appartements, ont une seule meche de pur coton, avec quelques fils de Cologne. On les fabrique de la même maniere que les bougies d'appartement : *a*, les flambeaux sont roulés pour la seconde fois ; on les équarrit sur la table à rouler, comme on le voit en *b* ; enfin on forme les cannelures avec l'équarrissoir *c*, qu'on promene comme un rabot le long du cierge : on forme le collet, on coupe le pied, & le flambeau *d* est fini.

Fig. 9. Cierge à trois branches dont on se sert à l'Office de la veille de Pâques dans les Eglises où l'on suit le Rit Romain. Ce cierge est composé de trois petits cierges qui n'ont point été percés avec la broche. On les roule l'un sur l'autre depuis *a* jusqu'en *b*, & l'on forme un coude à chacune des trois branches *c d e*, pour les écarter les unes des autres.

Fig. 11. Couteaux de bois : il y en a de différente grandeur & figure ; les uns n'ont qu'un bizeau, d'autres en ont deux.

Fig. 13. Couteau de fer tranchant, dont on se sert lorsqu'il faut couper la cire & la meche : il y a au bout de la lame un bouton, pour ne point endommager la table : il est aussi représenté *Pl. VIII*, *fig.* 8.

Fig. 12. Broches pour percer les cierges.

Fig. 14. Rouloir.

PLANCHE

PLANCHE VI.

Cette Planche repréfente la maniere de faire les cierges à la main, & les flambeaux.

Figure 1. Taille-meche plus petit, mais fait fur une plus grande échelle que celui qui eft repréfenté fur la *Planche V. A A*, forte membrure qui fait la bafe du taille-meche: *B*, piece à couliffe qui tient lieu de la poupée; elle porte la verge de fer verticale *D*, qui eft fixée par la vis *C*, au point qu'on defire: *E*, couteau vertical: *F*, pelottes qu'on doit mettre dans un crible: *H*, meches coupées de longueur & tortillées.

Nota, Que pour fe fervir de ce taille-meche, on peut le pofer fur une table, ou le tenir fur les genoux.

Fig. 2, & *Fig.* 11. Poële couverte où l'on met la cire avec de l'eau tiede pour l'attendrir.

Fig. 3. Table ou *broie* à écacher: *a*, forte table folidement établie: *b*, étrier de fer qui reçoit l'extrémité de la piece à écacher: *b c*, piece à écacher, ou main: *d*, cire attendrie dans l'eau tiede qu'on broie, pétrit ou écache avec le levier *b c*: *e*, Ouvrier en attitude pour écacher la cire. Quand la cire eft d'une molleffe uniforme, elle eft en état d'être employée pour faire les cierges à la main: fi en on veut faire de la cire corrompue, on la remet dans la poële, jufqu'à ce qu'elle foit prefque fondue, & on l'apporte fur la table à corrompre.

Fig. 4. Table à corrompre fur laquelle on pétrit la cire avec les mains.

Fig. 5. Ouvrier qui pétrit dans un linge la cire écachée, pour la reffuyer avant de l'employer à faire les cierges.

Fig. 6. Cirier qui applique fur une meche la cire attendrie, pétrie & reffuyée: *A*, bout d'une meche qui tient à un crochet fcellé dans la muraille: *B*, chaife ou gradin de Cirier, dont nous avons parlé, *Pl. V*; on y attache l'autre bout de la meche que l'on peut cependant attacher à tout autre corps folide: *C*, Ouvrier en attitude pour appliquer la cire fur la meche.

Fig. 7. Cirier qui roule un cierge fait à la main; comme cette opération eft la même que celle que nous avons expliquée *Pl. V, fig.* 5, nous ne nous y arrêterons pas davantage: on coupe le pied du cierge, & on le perce avec la broche de la même maniere qu'aux cierges jettés à la cuiller.

Fig. 8. Paquets de cierges faits à la main, ou jettés, & qui font pendus pour qu'ils fe refroidiffent.

Fig. 9. Petit inftrument de bois *b*, qui fert à former les cannelures fur les cierges & les flambeaux: on le nomme gravoir ou fauterelle: autre gravoir *c*.

Fig. 10. Romaine garnie de branches ou cordons de flambeaux, chargés

CIRIER.   D d

à la cuiller d'un mélange de cire & de réfine.

Fig. 11. Deux branches de flambeaux foudées l'une avec l'autre.

Fig. 12. Quatre branches de flambeaux foudées enfemble.

Fig. 13. Soudoir ou fer à fouder.

Fig 14. Romaine chargée de flambeaux auxquels on va donner les derniers jets de cire.

Fig. 15. Maniere de former les cannelures, foit avec l'équarriffoir *a*, foit avec la fauterelle *b*, foit avec le gravoir *c*, *fig. 9.*

Fig. 16. Caiffe ou coffre rempli de pains de cire blanche; on porte ce coffre auprès des romaines quand on jette.

Fig. 17. Moule de fer-blanc pour faire des mortiers: *b*, mortier tiré du moule avec la meche.

Fig. 18. *a b*, Une meche de flambeau.

Fig. 19. *c d*, paquets de meches, telles que les Cordiers les livrent aux Ciriers.

PLANCHE VII.

Cette Planche repréfente la maniere de faire les bougies filées, & de retirer les cires des vieux cierges.

Fig. 1. Bobine garnie de fon effieu.

Fig. 2. Bobine montée fur fon pied, ou ce qu'on appelle *le Tour. A*, les joues du tour: *B*, le milieu qui fe charge de la meche: *C*, les pelottons qui font dans un crible: *D*, le pied du tour: en tournant la manivelle qui répond à la bobine, il fe devuide deffus un faifceau de fil qui forme la meche des bougies.

La Fig. 3. fait voir les deux tours *A B* dans leur pofition; & au milieu la poële avec la filiere, en un mot ce qu'on nomme le travail: *A*, le tour fur lequel on a ourdi la meche: *B*, un autre tour tout femblable fur lequel on devide la meche qui a paffé dans la cire: *C*, Cirier qui tourne de la main gauche la manivelle du tour *B*, & qui tient avec fa main droite la bougie ou la meche chargée de cire qui fe devide fur ce tour: *D*, chaife ou table qui porte la poële: *E*, enfonçure de la table qui porte la poële où eft le feu: *F*, deffus de la table percé d'une ouverture ovale pour recevoir la poële *G*, qui a cette même forme. Le deffus de la table eft encore percé en *H*, de quatre mortaifes pour recevoir les pinces en bec-de-canne, qui doivent porter la filiere *D*. On voit au fond de la poële un crochet qui oblige la meche de plonger dans la cire fondue.

Fig. 4. *F*, le deffus de la table: *G*, la poële qui eft ovale, & dont les bords font à pans, pour ne point couvrir les mortaifes *H* qui font deftinées à recevoir les pinces en bec-de-canne qui doivent porter la filiere.

Fig. 5. *A B*, pinces en bec-de-canne, qui doivent porter la filiere *D*:

la partie *B* de ces pinces doit entrer dans les mortaifes *H* de la table.

Fig. 6. La poële deſſinée en grand: on y voit ſon fond *A*, ſes rebords à pans *B*, & le crochet *C* qui eſt au fond.

Fig. 7. Petit morceau de bois tourné *E*, qui ſert à commencer à rouler les petits pains de cire: on voit en *B C*, des pains roulés en rond: *D*, indique comment on commence les pains ovales.

Fig. 8. Ouvrier en attitude pour rouler des pains de bougie: il tient de la main droite le morceau de bois *A*, & de la main gauche il roule la bougie: on voit encore devant lui des bouts de bougie coupés de longueur pour être roulés: ſur ſa droite, un tour chargé de bougies filées; & à ſa gauche des pains de bougie.

Fig. 9. Elle repréſente le détail du fourneau des Ciriers pour fondre la cire lorſqu'on fait des cierges à la cuiller: *A*, la caque ou le fourneau: *B*, poële de tôle ou de cuivre, dans laquelle on met le charbon pour faire fondre la cire, & que l'on introduit dans la caque *A*, par la porte *C*: *D*, bord de la poële où l'on met la cire: cette poële ſe poſe ſur la caque *A*.

Fig. 10. La caque *A*, la poële à feu *B*, & la poële à cire *D* miſes en place comme elles ſont ſous la romaine.

Fig. 11. *C*, filiere vue de face: *D*, filiere placée entre les pinces.

Fig. 12. Grand chaudron monté ſur un trépied, & dans lequel il y a des bouts de cierges rompus, dont on veut retirer la cire: *A*, le chaudron: *B*, le trépied: *C*, les bouts de cierge: *D*, grande cuillier pour tranſporter la cire dans la paſſoire *E*, *fig.* 13.

Fig. 13. *F*, vaiſſeaux deſtinés à recevoir la cire qui coule par la paſſoire *E*: on met à la preſſe les meches qui reſtent dans cette paſſoire.

Fig. 14. Preſſe formée de deux jumelles *A*, aſſemblées ſur un patin de charpente *B*, ſur lequel repoſe la mai *C*: l'écrou *D* embraſſe les jumelles par ſes extrémités: *E*, eſt la vis: *I*, le quarré de la vis: *G*, l'arbre qui monte & qui deſcend avec la vis: *F*, Ouvrier en attitude pour ſerrer la preſſe; on peut augmenter conſidérablement, & ſelon le beſoin, la force de cet Ouvrier, en mettant au bout du levier une corde qui réponde à un treuil vertical: *H*, pieces de bois quarrées qui ſervent de hauſſe: on en met plus ou moins, ſuivant qu'il y a plus ou moins de meches dans le ſceau dont nous allons détailler les parties.

Fig. 15. *A*, le ſeau tout monté: il eſt formé d'une boîte de fer battu *B*, qui eſt diviſée par bandes, dont les unes *C* ſont percées de trous, & les autres *D*, ſont pleines: cette cage de fer ne pourroit pas réſiſter à l'effort de la preſſe, ſi elle n'étoit pas fortifiée par les brides de fer *E*. On voit en *F* ces brides de fer ajuſtées ſur la caiſſe de fer battu; & l'on peut remarquer que ces brides de fer *E* recouvrent les parties *D*, où il n'y a point de trous. On voit de plus que les deux parties *F* ſont jointes l'une à l'autre par les charnieres G, dans lefquelles entre la broche H: quand ces meches ont été preffées, on releve la vis, on ôte la broche H, on ouvre le feau; & après avoir enlevé les hauffes, on tire les meches. Comme la cire & la réfine ne peuvent couler que quand ces fubftances font en fufion, il faut fe hâter de les faire paffer à la preffe; & pour entretenir la chaleur, on jette de l'eau bouillante dans le feau.

Les meches qui ont été preffées ne font plus bonnes qu'à brûler: K, eft un vaiffeau deftiné à recevoir la cire ou la réfine qui fort de la preffe: on met de l'eau dans le fond pour que ces fubftances ne s'y attachent pas.

PLANCHE VIII.

Figure 1. A, coffre pour éculer: a, gouttiere qui conduit la cire de la cuve fur la paffoire: bb, deux couvercles pour empêcher qu'il ne tombe des ordures fur la cire: c, plaque de cuivre qui empêche qu'il ne tombe de la cire fur la cendre chaude de la braifiere: dd, vaiffeau de cuivre, dans lequel entre un autre qu'on remplit de cendre chaude: e, pieds du coffre à éculer: on pofe ces pieds fur une planche qu'on a mife fur la baignoire: f, robinet fous lequel on préfente les éculons: B, paffoire quarrée ou ovale qu'on met fur le coffre à éculer, ou fur le grêloir: C, plaque de cuivre cotée c dans la figure A: D, gouttiere cotée a dans la figure A: F, braifiere qu'on met dans la cavité dd de la figure A.

Fig. 2. A, le grêloir avec la plaque, la paffoire & les braifieres: C, la plaque: E, les braifieres qu'on met aux deux extrémités du grêloir.

Fig. 3. A, cannelle de la cuve pour grêler ou éculer: elle a déja été repréfentée *Pl. II*, *fig.* 9: a, plaque de fer clouée fur la cuve, & qui fert à affujettir fermement la partie A de la cannelle: B, lancette dont on fe fert pour chaffer le bouchon & percer la cuve.

Fig. 4. Etuve pour deffécher les meches: elle confifte en un coffre de menuiferie doublé de tôle: a, les meches paffées dans des baguettes: b, porte par laquelle on met la braifiere au bas de l'étuve.

Fig. 5. Romaine qui porte les cerceaux lorfqu'on jette des bougies.

Fig. 6. Poële où l'on fait fondre la cire pour jetter les bougies; a, bord de cette poële: b, fon fond où l'on met la cire: c, planche que l'Ouvrier met devant lui pour fe garantir de la chaleur de la caque: d, la caque: e, barres de fer qui joignent la poële à la caque: f, roulette pour mettre le feu dans la caque: B, plaque de fer percée qui fe met fur la poële à feu ou fur la braifiere pour diminuer l'action du feu quand elle eft trop vive.

Fig. 7. Travail pour faire les bougies filées: a, la poële, qui eft d'une forme différente de celle qui eft repréfentée dans la *Pl. VII*. On l'a deffinée en grand en C, où l'on voit en b les griffes qui doivent recevoir la filiere D, qui eft ronde: c, la poële à feu: $B B$, les tours: ceux-ci

font

font à jour, ce qui eft avantageux quand il fait chaud, parce que la bougie fe rafraîchit plus promptement. J'ai cru devoir repréfenter ce travail, parce qu'il eft différemment ajufté que celui qui eft déja repréfenté fur la *Pl. VII.*

Fig. 8. *A B*, tamis qui, au lieu d'une toile de crin, n'a qu'un filet de cordes: il fert à retirer les pains éculés de la baignoire.

Fig. 9. Ajuftement pour couper d'une certaine longueur les bougies filées, afin d'en faire des pains: *a a*, planche percée de trous: *c c*, chevilles de fer femblables à *C*, qui portent en bas une vis dans laquelle entre un écrou *e*: *b*, traverfe de bois femblable à *B*, qui empêche la tête des chevilles de fe rapprocher quand on devide la cire autour des chevilles: *f f*, bougie devidée en échevaux fur les chevilles: *g*, couteau qui fert à couper toutes les révolutions de bougie. Cette figure peut fervir à faire comprendre comment eft fait le coupe-meche pour les cierges dont on fe fert à Antoni.

Fig. 10. Couteau de fer pour couper les cierges: il doit y avoir en *a a*, deux boutons, pour qu'il n'endommage pas la table.

Fig. 11. Gravoir.

Fig. 12. Ecariffoir.

Fig. 14. Segment de carton ou de fer-blanc, pour former les entonnoirs dont on garnit les torches & les flambeaux.

Fig. 13. Le même entonnoir ajufté à un flambeau.

Fig. 15. Cierge tortillé.

EXPLICATION
Des Termes propres à l'Art du Cirier.

A

ABEILLES, forte de mouches qui font la cire & le miel. Il n'y a dans une ruche qu'une mere qu'on nomme *la Reine*. Un nombre de mâles qui ne travaillent point; tout l'ouvrage fe fait par les abeilles ouvrieres qui ne font point propres à la multiplication de l'efpece.

ALIVRER. Réunir le nombre de bougies qu'il faut pour faire exactement le poids d'une livre, *Page 69*

ALVÉOLES. Petites loges de cire qui forment, par leur affemblage, les gâteaux ou rayons, & dans lefquels les mouches pondent leurs œufs, élevent leur couvain, & dépofent le beau miel, ainfi que la cire brute.

B

BAIGNOIRES. Ce font des vaiffeaux ovales faits de mérain, & femblables à ceux qui fervent pour prendre le bain. Il y en a de doublées de plomb, & d'autres entiérement faits de pierre.

BANDES, *Mettre en bandes*, c'eft réunir la quantité de bougies qu'il faut pour faire le poids d'une livre, au moyen d'une bande de papier. 69

BASSINE, *Baffin*. Vaiffeau de cuivre étamé qui eft de moyenne grandeur. 80

BASTIS. Affemblage de charpente pour tendre les toiles, fynonyme de *quarrés*, 20

BISCUITS. Sorte de lampions de forme quarrée qui fervent pour l'illumination des théâtres. 79

BLANCHISSERIE. Manufacture où l'on fait perdre à la cire la couleur jaune qu'elle a naturellement, pour la rendre blanche & propre à faire différents ouvrages.

BOUGIES d'appartement, chandelles de cire, 60; d'Huilher pour éclairer le Roi dans les appartements, 69; d'un denier, 75; de veille de nuit, en mortier, 76 & 77; filées, 79; à lampions; de rats de cave; de Religieufes; de S. Côme, 83, à lampe. 84

BRAISIERE. Poêle de fer battu ou de fer

fondu dans laquelle on met du charbon pour faire fondre la cire, *Page* 47

BROIE. Inſtrument qui ſert à pétrir la cire attendrie, 55

BROUETTE. Petite voiture à une roue qui ſert à tranſporter les cires ſur les toiles, 20.

C

CANELLE. Tuyau de bois qu'on forme d'une cheville qui joint exactement l'intérieur du tuyau : la canelle de la cuve eſt fermée intérieurement par un bouchon de liege qu'on chaſſe en dedans avec une cheville qu'on nomme *Lancette*, lorſqu'on veut percer la fonte, 15

CAQUE. Fourneau cylindrique fait de bois ou de cuivre ſur lequel on met la poële où doit fondre la cire ; & dans l'intérieur, une braſiere remplie de charbons ardens. 46

CERCEAUX. Ce ſont effectivement des cerceaux de bois, les uns garnis de crochets, les autres de ficelles qui ſervent à jetter les bougies, 46

CHAISE. Les Ciriers appellent ainſi la table qui ſupporte la poële lorſqu'on fait des bougies filées. Voyez *Gradin*. 80

CHASSIS. On appelle ainſi de forts pieds de table, ſur leſquels on poſe les planches à moules, 20

CHEVRETTE. Petit bâtis de fer qu'on établit ſur la baignoire pour porter le grêloir, 18

CIERGE. Longue chandelle de cire de figure conique : outre les cierges qu'on diſtingue par leur poids, il y a encore les cierges de Pâques, 57 ; les cierges à pluſieurs branches, 59 ; les cierges tortillés, 58 ; les cierges à la main, 54

CIRE. Subſtance graſſe, inflammable, fuſible & ductile que font les abeilles, & dont elles forment leurs rayons : il y en a d'un brun obſcur qu'on nomme *Cire morine* ; les autres ſont plus ou moins jaunes : on les appelle *Cire jaune* ou *Cire brute*, qu'il ne faut pas confondre avec une ſubſtance mielleuſe qui ſe trouve dans les avéoles, & qu'on nomme auſſi *Cire brute*. Quand les Ciriers ont fait perdre la couleur jaune à la cire, on la nomme *Cire blanche* ; celle qui n'a jamais ſervi à aucun ouvrage ſe nomme *Cire vierge* : les autres ſont des cires refondues.

CIRE BRUTE. Voyez *Miel*.

CLOUS d'encens pour le cierge paſchal ; c'eſt une compoſition de cire & d'oliban, qu'on recouvre d'une feuille d'or, 58

COFFRE. Les Ciriers donnent ce nom à deux uſtenſiles fort différents l'un de l'autre : le coffre à pains eſt une caiſſe de bois exactement jointe, dans laquelle on porte les pains de cire blanche auprès de la romaine ou du travail ; le coffre à éculer eſt une caiſſe de cuivre environnée de cendres chaudes, dans laquelle on reçoit la cire qui découle de la cuve, afin de lui donner de la chaleur

avant de la verſer dans les moules, *Page* 19

COLLET de la meche, c'eſt proprement ce qu'on appelle le *Lumignon* ; & le collet ſoit d'un cierge, ſoit d'une bougie, eſt la partie qui répond au lumignon.

COMMENCER un cierge ou une bougie, c'eſt leur donner les premiers jets, 66

CORROMPUE. La cire corrompue eſt celle à qui on a fait perdre toute ſa ductilité en la faiſant fondre dans l'eau, & la pétriſſant enſuite, 56

COUP DE FEU. C'eſt une petite teinte rouſſe que la cire prend toutes les fois qu'on la fait fondre, 31

COUPOIR ou TAILLE-MECHE. Inſtrument qui ſert à couper un nombre de meches de même longueur, 42

COUTEAU. Les Ciriers ſe ſervent de couteaux de bois & de couteaux de fer : les couteaux de bois qui doivent entamer la cire ſans endommager la meche ſont de deux eſpeces ; ſavoir, le couteau à ferrets qui a deux bizeaux, '& le couteau à tête ou à rogner qui n'a qu'un bizeau, 66 & 67 ; le couteau de fer eſt tranchant & ſert à couper la cire & les meches, 78

COUVAIN. On nomme ainſi les vers & les nymphes qui ne ſont pas encore convertis en mouches.

COUVERTURE faite de bourre piquée entre deux toiles, & qui ſert à couvrir & envelopper la cuve, 16

CUILLER. Eſpece de gouttiere de fer blanc qui ſert à puiſer la cire fondue, & à la verſer ſur les meches, 48

CUVE. Grand & fort tonneau de bois, cerclé de fer, dans lequel la cire qui a été fondue dans la chaudiere, reſte quelque temps pour dépoſer, 15

CYLINDRE ou TOUR. Gros rouleau de bois établi ſur la baignoire, qu'on fait tourner pour rubaner la cire, 17

D

DÉCHETS : ce ſont les craſſes qui ſe précipitent au fond de la cuve, 33

DÉMIELLER la cire, c'eſt lui enlever, le plus qu'il eſt poſſible, toute impreſſion de miel, 10

DÉPOSER. La cire ne ſe clarifie qu'en la tenant le plus long-temps qu'il eſt poſſible en fuſion, pour que les immondices ſe précipitent, ce qu'on appelle *Dépoſer*, 26

DOUBLER. Lorſqu'il fait beaucoup de vent, on détache un des bords des toiles, & on le rapproche de l'autre bord qui reſte attaché aux chevilles, de ſorte que la cire rubanée ſe trouve entre deux toiles : c'eſt-là ce qu'on nomme *Doubler*, 36

E

ECACHER la cire ; c'eſt la pétrir avec un inſtrument qu'on nomme *broie*, pour la rendre plus maniable lorſqu'on veut faire des cierges à la main, *Page* 55

ECULER la cire ; c'eſt jetter de la cire fondue dans de petits moules creuſés dans des
planches , 31

ECULON. Vaiſſeau de cuivre étamé dans
lequel on reçoit la cire fondue pour la verſer
dans les moules : il y en a à un , à deux & à
trois becs.

EGALISER la cire ſur les toiles ; c'eſt l'action de mettre la cire rubannée à une égale
épaiſſeur ſur les toiles ; ce qui ſe fait avec de
petites fourches de bois , 27

EGAYER , ſynonyme de *Gaſer* , 29

ENTONNOIR. On ſe ſert d'entonnoirs ordinaires pour mettre le miel en barriques ;
mais l'entonnoir des Fonderies eſt un vaſe
de cuivre étamé dont la douille eſt ſoudée ſur
le côté, afin qu'elle puiſſe entrer dans la canelle de la chaudiere , 15. Les entonnoirs
pour les flambeaux ſont de cartons , & formés comme le pavillon d'un entonnoir ordinaire : ils ſervent à empêcher que la cire ne
coule ſur les mains & les habits , 84

EQUARRISSOIR. Morceau de bois dont l'extrémité eſt canelée ou creuſée d'une gorge
pour former les canelures ſur les flambeaux
& les cierges.

ESSAIM. Colonie d'abeilles qui ſort d'une
ruche trop pleine pour aller s'établir ailleurs.

ETUI à cierges. C'eſt une eſpece de boîte
dans laquelle on met les cierges debout , &
qui eſt garnie de bretelles pour les charger ſur
le dos, lorſqu'on les tranſporte dehors , 53

ETUVE. Quelques-uns nomment ainſi le
lit où l'on étend les cierges nouvellement
jettés avant de les rouler : mais la vraie étuve eſt un coffre de bois doublé de tôle dans
lequel on fait ſécher les meches , 45 & 50.

F

FAUCHET. Sorte de rateau dont les dents
ſont de bois , 22

FERRET. Tuyau conique de fer blanc qui
empêche qu'il ne tombe de la cire ſur le collet des bougies , lorſqu'on les jette.

FEU. Toutes les fois qu'on fait fondre la
cire, elle perd un peu de ſa blancheur , ce
qu'on appelle *un coup de feu,* 70

FINIR les bougies . 67

FLAMBEAU. Groſſe bougie, il y en a à une
meche qu'on nomme *Flambeau d'élévation,*
84; d'appartement ou de Veniſe , 85 ; à meche de Guibray , *idem* ; de poing , 86 ; de
Bruxelles , 87

FONDERIE. Attelier dans lequel on fond
la cire pour la laiſſer dépoſer , & enſuite la
rubanner , 15

FOURCHE. On emploie dans les Blanchiſſeries des fourches à trois fourchons pour enlever la cire rubannée des baignoires ; on a
de plus de petites fourches légeres pour éga-
liſer la cire ſur les toiles , 22

G

GASER. On dit que la cire rubannée ſe
gaſe ou s'égaye , quand les rubans ſe collant les uns aux autres, forment des mottes, 29

GATEAUX. Voyez *Alvéoles.*

GRADIN, que quelques-uns nomment auſſi
Chaiſe : il eſt formé de deux fortes planches
aſſemblées en équerre ; & dans l'angle rentrant il y a des taſſeaux pour ſupporter une
planche , à différentes hauteurs, ſur laquelle
monte le Cirier quand il a beſoin de s'élever
pour jetter un cierge , 53

GRAVOIR. Un inſtrument de buis qui ſert
à tracer des filets ſur le cierge.

GRELER ou *Rubanner.* C'eſt réduire la cire
fondue en forme de rubans ſemblables à de
la faveur ; la cire ayant par ce moyen plus
de ſurfaces, le ſoleil & la roſée la blanchiſſent plus facilement , 17

GRÉLOIR ou *Gréloir.* Baſſin de cuivre étamé dont le fond eſt percé de petits trous pour
faire tomber la cire ſur le tour afin de la rubanner , 17

GRENER. C'eſt réduire la cire en petits
grains : dans quelques Blanchiſſeries on la
met en cet état au lieu de la mouler en petits
pains.

GUEULE-BÉE. On nomme ainſi une futaille qui n'eſt enfoncée que par un bout.

J

JETTÉES. *Faire les jettées.* Jetter un cierge,
c'eſt jetter avec la cuiller de la cire fondue
pour former un cierge ou une bougie. On
dit *Faire des demi & des quarts de jettées,* quand
on ne verſe pas la cire dans toute la longueur
du cierge , 48,49.

JETTONS. Voyez *Eſſaim.*

L

LAMPION. Voyez *Biſcuits.*

LANCETTE. Cheville de bois qu'on enfonce dans la canelle de la cuve pour chaſ-
ſer le bouchon de liege , lorſqu'on perce la
fonte , 16

LISSER une bougie , c'eſt la rendre bien
unie dans toute ſa longueur , au moyen du
rouloir , 67 ; on liſſe la bougie filée en la paſſant dans une ſerviette mouillée.

LIT. Ce lit eſt formé d'un lit de plume ,
d'un matelas, d'une couverture & d'un drap :
on y met les cierges nouvellement jettés ,
pour que la cire ſe raffermiſſe avant de les
rouler. 50

M

MAIN. C'eſt une planche mince , où il y a
une poignée ; elle ſert à retourner les cires
rubannées ſur les toiles ; il y en a de différentes grandeurs, 21. On fait un cierge *à la
main,* en enveloppant une meche avec de
la cire écachée.

MANNE. Corbeille qui fert au tranfport des cires ,   20

MECHES. Cordons ou faifceaux de fil de lin, de coton ou d'étoupes qu'on recouvre de cire ou d'autres matieres inflammables , pour en former des bougies , des cierges ou des flambeaux ,   41

MESURE. Baguette garnie d'argent par les deux bouts , qui fert à fixer la longueur des différentes efpeces de bougies,   66

MIEL. Subftance fucrée que les abeilles ramaffent dans les fleurs : le plus beau miel fe nomme *Miel vierge* ; celui de la feconde qualité eft le *Miel blanc* ; celui de la troifieme qualité eft le *Miel commun* ou *à lavements.* Quelques-uns appellent *Miel brut* un mélange d'étamines avec une fubftance mielleufe ; mais c'eft ce qu'on appelle plus communément *Cire brute.*   6

MORTIER. Efpece de bougie de nuit fondue dans un moule ,   76

MOUCHES à miel. Voyez *Abeilles.*

MOULINET. Sorte de treuil qu'on établit pour ôter & mettre en place la cuve ,   16

P

PAINS. On fond la cire jaune en gros pains, & la cire blanche en petits pains , ce qu'on appelle *éculer.*

PALON. Sorte de fpatule de bois qui fert à remuer la cire que l'on fait fondre dans la chaudiere.

PANIER à mouches. Voyez *Ruches.*

PASSOIRE. Plaque de cuivre percée de petits trous, & qui a des bords relevés ; fon ufage eft de retenir les mouches & les autres impuretés qui fe trouvent dans la cire fondue lorfqu'on la fait tomber dans le grêloir, ou lorfqu'on en remplit les éculons,   19

PELLE à rejetter. C'eft une pelle femblable à celle des Boulangers : elle fert à rejetter la cire fur les toiles. On fe fert encore des pelles ordinaires pour remuer la cire rubannée dans les greniers ,   21

PERCER. On dit *Percer la fonte,* quand on chaffe avec la lancette le bouchon de liege qui ferme le robinet de la cuve.

PIQUETS. Longues chevilles qu'on met au bord des quarrés pour foutenir verticalement la bordure des toiles.

PLANCHES à pains : ce font les planches dans lefquelles on a creufé les moules pour couler les petits pains de cire blanche,   20

PLAQUES. Il y en a de deux efpeces ; l'une qu'on met fur la braifiere pour diminuer l'action du feu quand il eft trop vif ; l'autre qui eft de cuivre étamé, fe place fur le grêloir pour que la cire y tombe en nape, & plus uniformément ,   18

PLATINE. Voyez *Rouloir.*

PLIER. Plier les bougies filées , c'eft en former de petits pains.

POINTE. C'eft un bout de cierge deftiné à être placé au haut d'une fouche.

POT. Le pot des ciriers eft de cuivre étamé & de forme cylindrique : il fert à verfer dans l'entonnoir ce qui refte au fond de la chaudiere ,   15

Q

QUARRÉS. Affemblage de charpente qui fert à tendre les toiles ,   20

R

RABOT. Efpece de rateau fait avec un chanteau de futaille auquel on ajoute un long manche : il fert à retirer les cires de deffus les toiles ,   22

RAYONS. Voyez *Alvéoles.*

RÉGALER. Régaler la cire, c'eft remuer, avec de petites fourches de bois, les rubans de cire , pour qu'ils préfentent d'autres furfaces au foleil ,   29

REGRÉLER, c'eft refondre la cire & la rubanner une feconde fois pour lui faire prendre fur les toiles le plus beau blanc ,   30

REINE. La Reine des abeilles eft la feule mouches femelle qui foit dans une ruche ; tous les travaux fe font pour fa poftérité ; fi la mere meurt : les autres mouches ne travaillent plus que pour vivre : en rendant une autre mere , le travail recommence avec plus d'activité que jamais. Voyez *Abeille.*

RELEVER la cire, c'eft ôter celle qui a fuffifament reçu de blanc fur les toiles pour la mettre en magafin , fi elle n'a été grélée qu'une fois ; ou la mouler en petits pains, fi elle a été regrélée ,   29, 30

RETOURNER. De temps en temps on retourne les cires fur les toiles , pour que tous les rubans puiffent recevoir l'impreffion du foleil ,   29

ROGNE. Dans les atteliers on a coutume de nommer *Rogne,* ce qu'on devroit appeller *Rognure* ; & couteau *à rogne,* pour dire couteau *à rogner* ,   67

ROGNER. On peut rogner les gâteaux d'une ruche, & en emporter une partie fans faire un tort confidérable aux abeilles, 1. On dit auffi *Rogner une bougie* ou un cierge, lorfqu'on coupe ce qu'il a de trop long ,   67

ROMAINE. Cerceaux qui font de fer pour les cierges , & de bois pour les bougies : ces cerceaux fervent à fufpendre les meches audeffus de la poële où eft la cire fondue qu'on puife avec la cuiller pour charger de cire les meches , & former la groffeur des cierges & des bougies ,   46, 61

ROULER un cierge ou une bougie , c'eft effectivement faire paffer l'un ou l'autre en roulant entre une table & une planche qu'on nomme *Rouloir,* pour leur faire prendre la forme qu'ils doivent avoir,   51, 65

ROULETTE.

ROULETTE. Plaque de fer qui fert à élever la braifiere fous les poëles à bougie, & à l'introduire commodément dans la caque, 61

ROULOIR. Planche de bois bien polie qui porte au-deffus deux mains pour la manier commodément, & qui fert à rouler les cierges & les bougies fur la table, 51

RUBANNER. Voyez *Grêler*.

RUCHE. Panier où l'on dépofe les effaims, & dans lequel les mouches font les rayons de cire où elles élevent leurs petits & raffemblent leur miel. La ruche eft faite quelquefois d'un affemblage de menuiferie, d'autres fois d'un tronc d'arbre creux, & d'autres fois de paniers de paille réunis avec de l'ofier, ou entiérement d'ofier : dans ce cas on les nomme *Panniers à mouches*.

S

SOUCHE. Portion de cierge poftiche faite de bois ou de fer blanc, & qui étant terminé par une pointe ou par une bougie, repréfente un gros & grand cierge, 95

SOUDOIR. Inftrument de fer qui fe termine par fes extrémités en langue de ferpent : on le fait chauffer, & on le paffe entre les cordons des flambeaux pour les fouder les uns aux autres, 85

T

TAILLE-MECHE. Voyez *Coupoir*.

TAMIS. Il y en a de deux efpeces ; l'un garni de crin, qui fert à ramaffer les petites portions de cire qui reftent dans la cuve ; & l'autre garni d'un filet de ficelle, fert à ramaffer les pains qui flottent fur l'eau de la cuve, 19

TIERS-POINT. Tringles taillées en forme triangulaire qui fervent à foutenir les toiles fur les quarrés.

TIRER un cierge ; c'eft difpofer de la cire attendrie pour former un cierge à la main, 57

TOILES. Les toiles qui fervent à blanchir la cire, font tendues fur de forts quarrés de charpente & relevées par les bords, 21

TORCHE. Flambeau dont l'axe eft un morceau de bois fec, 87

TORTILLÉ. Cierge tortillé ; c'eft une forte d'ornement qu'on donne quelquefois aux cierges de confrairie, 58

TOUR. Cylindre de bois établi à l'extrémité de la baignoire qui eft du côté de la cuve : il plonge de la moitié de fon diametre dans l'eau de la baignoire, &, à mefure qu'on le fait tourner avec une manivelle, les filets de cire qui tombent deffus, s'applatiffent.& fe rubannent, 17. Le tour eft auffi une bobine qui fert à faire les bougies filées, 80

TRAVAIL. Voyez *Chaife*.

TREMPER. Tremper les meches, c'eft les enduire d'un peu de cire pour empêcher que les brins de coton ne fe féparent, 62

TREUIL. Voyez *Moulinet*.

TRINGLES. Ce font des regles de bois qui dépendent du quarré. Voyez *Quarré*, *Tiers-point*.

FIN DE L'ART DU CIRIER.

De l'Imprimerie de H. L. GUERIN & L. F. DELATOUR, rue S. Jacques, à S. Thomas d'Aquin. 1762.

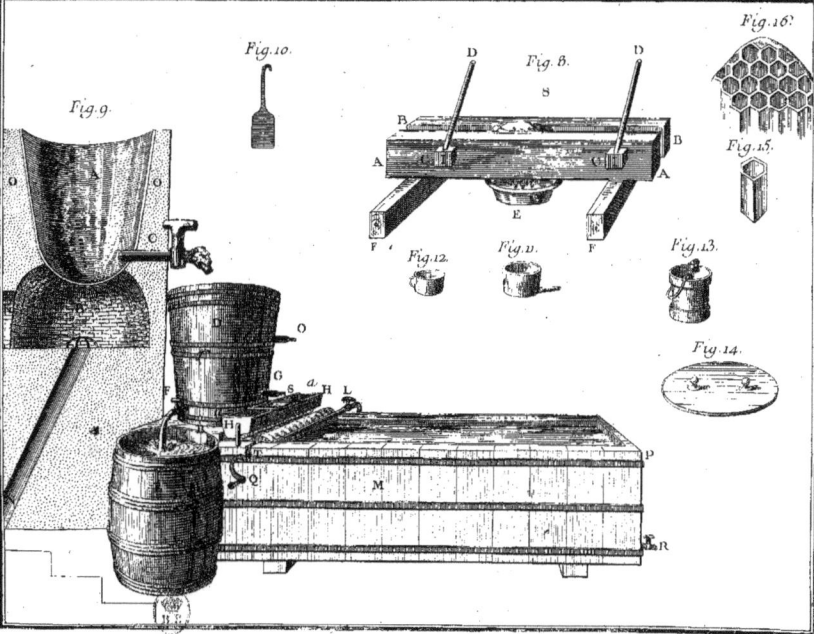

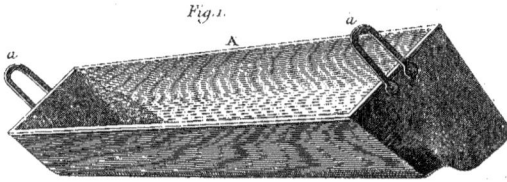

Fig.1.

Fig.7.

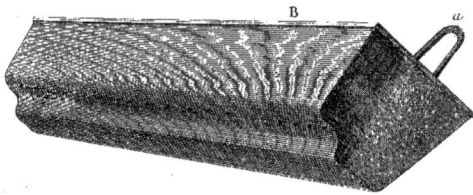

Fig.3.

Fig.12.

Fig.4.

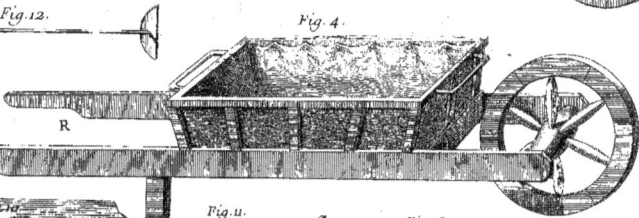

R

Fig.11.

Fig.13.

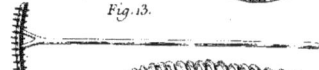

Fig.2.

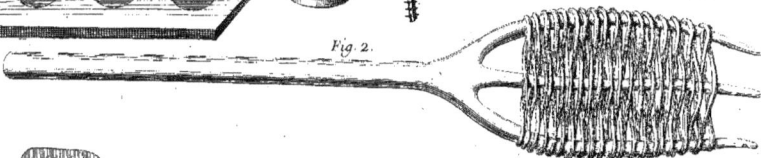

Fig.8.

Fig.6.

Fig.9.

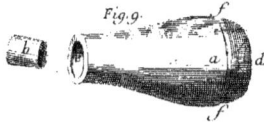

Fig.5.

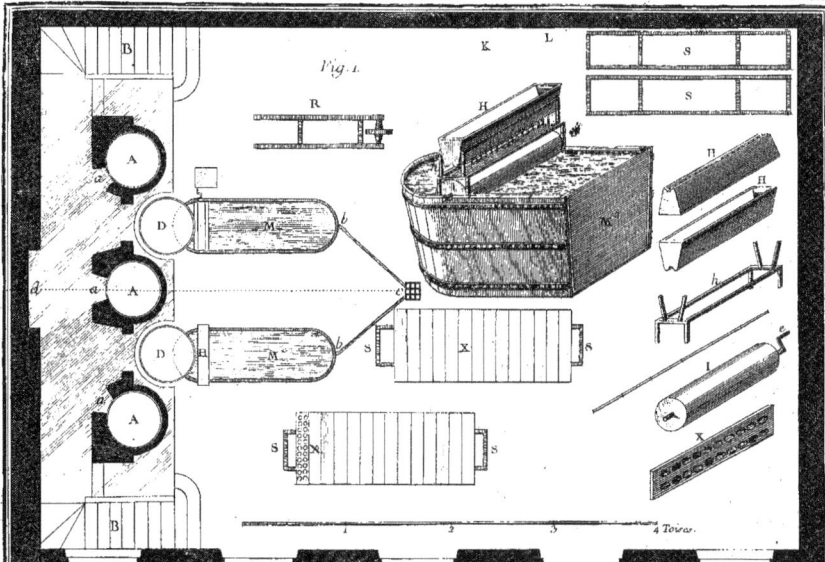

Fig. 1.

4 Toises.

Fig. 2.

Fig. 3.

Fig. 4.

Pl. IV.

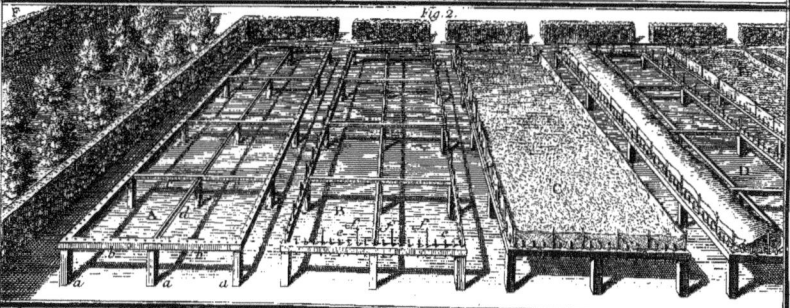

Fig. 2.

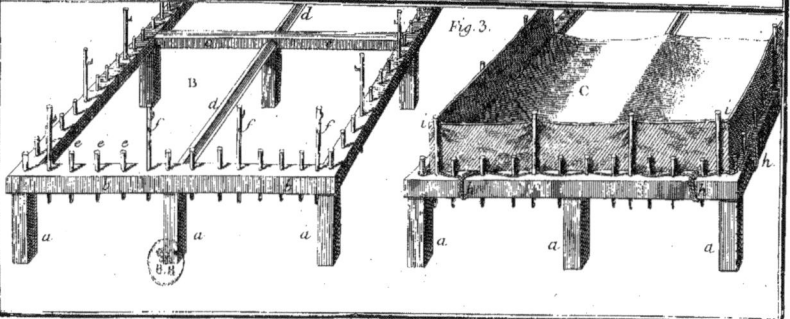

Fig. 3.

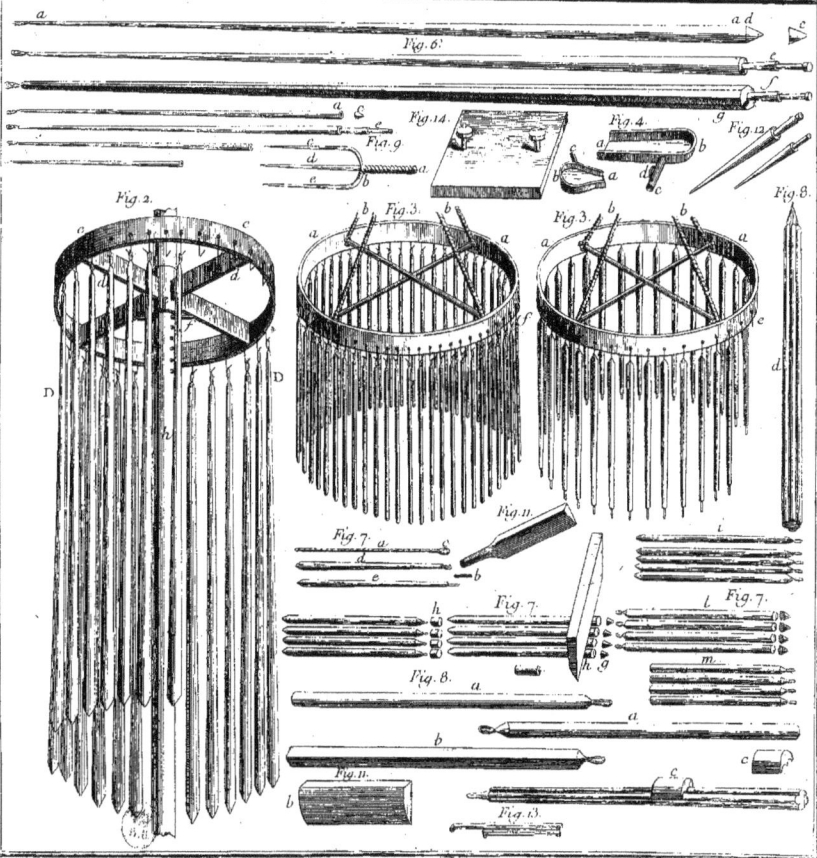

Fig.6.

Fig.14. Fig.4.

Fig.9. Fig.12.

Fig.8.

Fig.2. Fig.3. Fig.3.

Fig.7. Fig.11.

Fig.7. Fig.7.

Fig.8.

Fig.11. Fig.13.

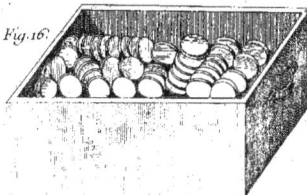

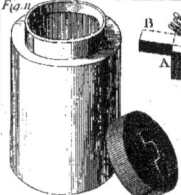

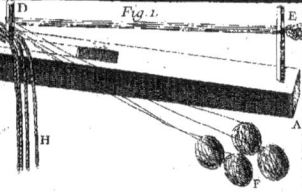

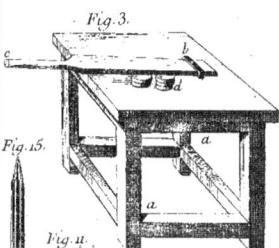

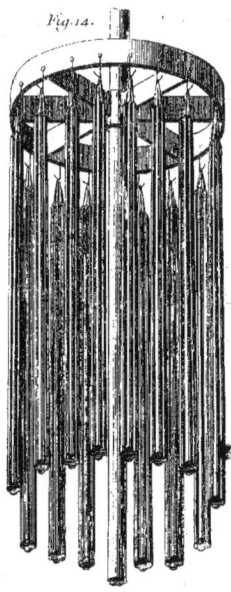

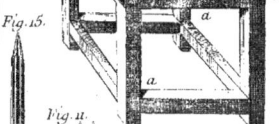

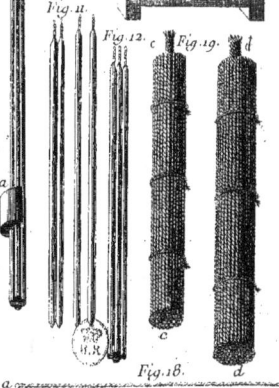

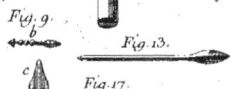

Pl. VI.

Fig. 8.

Fig. 6.

Fig. 16.

Fig. 11.

B   D   Fig. 1.   E

A

H

A

F

Fig. 3.

c   b

d

a

Fig. 10.

Fig. 14.

Fig. 15.

Fig. 11.

Fig. 12.   c   Fig. 19.   d

a

c   d

Fig. 9.

b

c

Fig. 13.

Fig. 17.

b   a

a   Fig. 18.   d   b

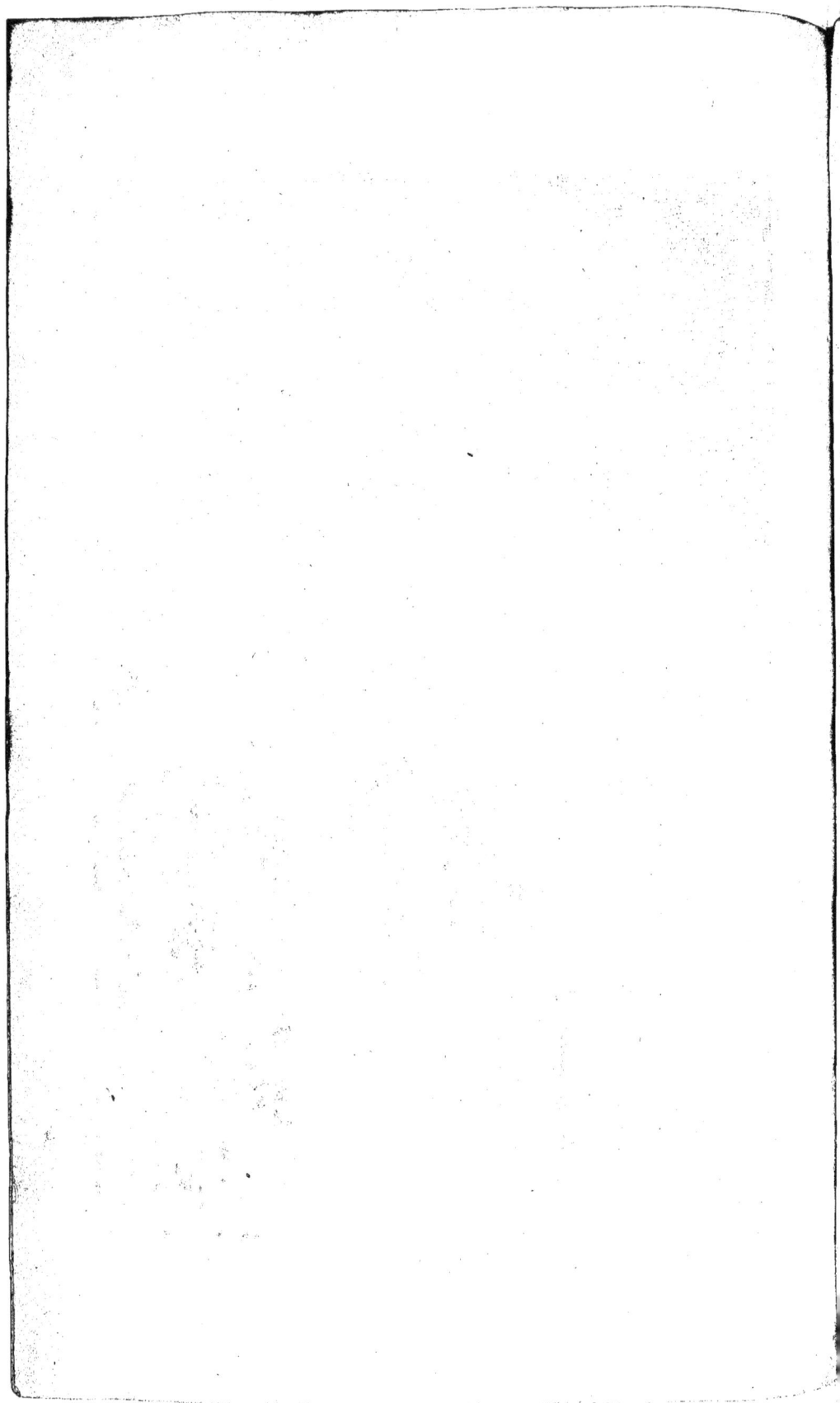

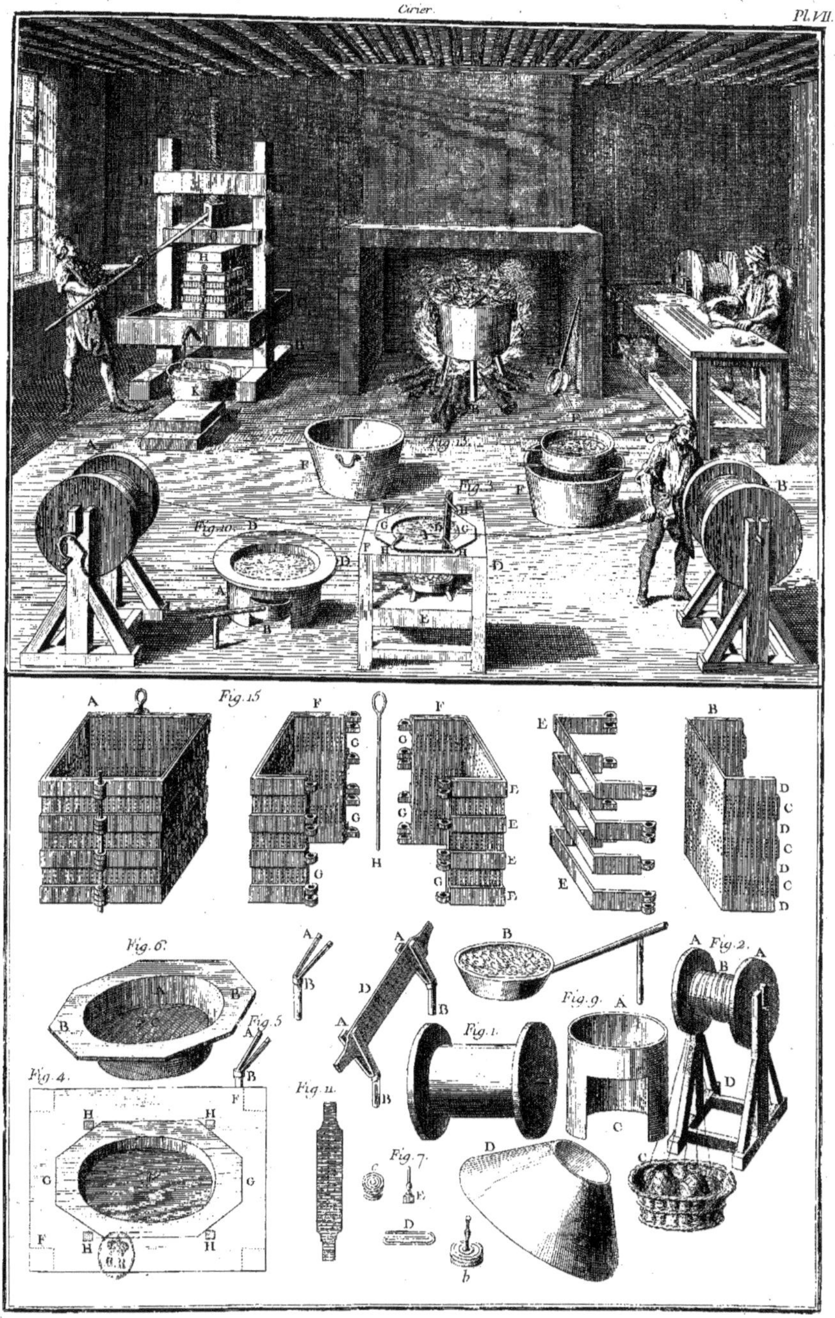
Fig.10.
Fig.3.
Fig.13.
Fig.15
Fig.6.
Fig.5
Fig.4.
Fig.11.
Fig.1.
Fig.9.
Fig.2.
Fig.7.

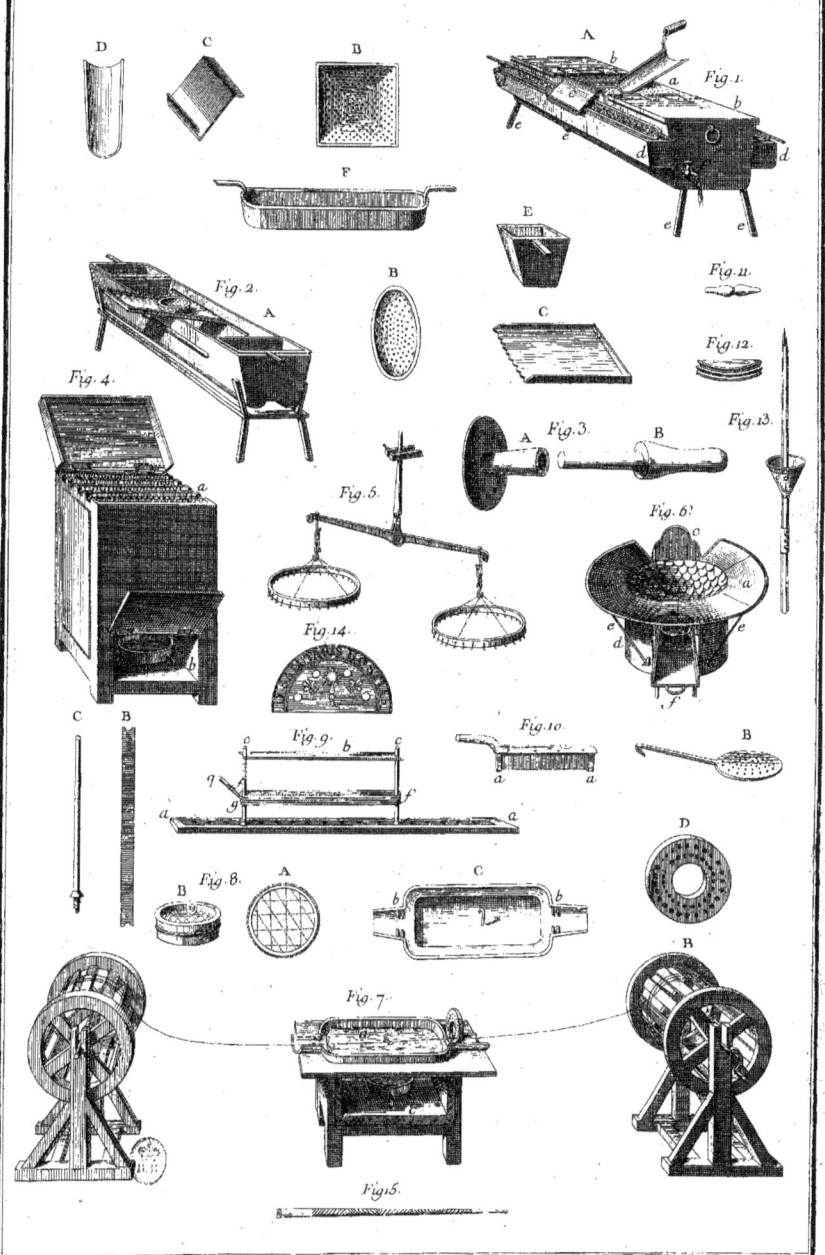

Pl. VIII.

Fig. 1.

Fig. 2.

Fig. 4.

Fig. 3.

Fig. 5.

Fig. 6.

Fig. 11.

Fig. 12.

Fig. 13.

Fig. 14.

Fig. 9.

Fig. 10.

Fig. 8.

Fig. 7.

Fig. 15.

Patte del. & sculp. 1762.